LATINAE LOQUENDI FORMULAE

IN

USUM SCHOLASTICUM

CURA

G. DORN SEIFFEN,

ORDINIS LEONIS BELGICI EQUITIS.

VETERI AD RHENUM TRAIECTU,
Ex officina J. G. BROESE.
1850.

LATINAE LOQUENDI FORMULAE

IN

USUM SCHOLASTICUM.

———◦◦◦———

A.

A nobis est, stat, facit, nobiscum est, *hij houdt het met ons.*

Ab epistolis alicuius esse, *iemands brievenschrijver zijn.*

Abalienare aliquid, *zich van iets ontdoen, iets verkoopen.*

Abalienare aliquem a se, *iemand van zich verwijderen, zich tot vijand maken.*

Abdĕre se literis, *of* in literas, *zich in de letteren begraven, zich geheel aan de studiën overgeven.*

Abdĭcare magistratum, *of* se magistratu, *zijn ambt (tusschen tijds) nederleggen.*

Aberrare via, *of* a via, *van den weg afdwalen.*

Abesse alicui, *iemand niet behulpzaam zijn.*

Abesse prope a vero, *niet verre van de waarheid zijn.*

Abhorrēre aliquem, *zich met afschrik van iemand verwijderen.*

Abhorrere re, *of* a re, *van eene zaak eenen afkeer hebben.*

Abiecto animo esse, *moedeloos zijn, wanhopen.*

Abiicĕre se alicui, *of* ad pedes alicuius, *iemand te voet vallen.*

Abire ab emtione, *den koop niet houden.*

1

Abire munere, *zijn ambt nederleggen.*

Abire praeceps in *of* ad perniciem, *naar zijn verderf ijlen.*

Hoc tibi non sic abibit, *hiervan zult gij zoo niet afkomen.*

Abi in malam rem, *of* pestem, *of* crucem, *loop naar de galg.*

Abiudĭcare aliquid alicui, *of* ab aliquo, *iemand iets bij vonnis ontnemen.*

Abrĭpi in *of* ad quaestionem, *gedwongen tot getuigenis gevoerd worden.*

Abrŏgare legem, *eene wet afschaffen.*

Abrogare aliquid alicui, *iemand iets ontnemen.*

Abscondĕre aliquid terra, *of* in terram, *iets in de aarde verbergen.*

Absistĕre incepto, *van zijne onderneming afzien.*

Absŏnus alicui rei, *of* ab aliqua re, *bij eene zaak niet passende.*

Abstinēre se cibo, *of* a cibo, *zich van spijs onthouden.*

Accedĕre alicui, *het met iemand houden.*

Accedere ad aliquem, *of* ad aliquid, *tot iemand, of iets naderen of komen.*

Accēdit plurimum pretio, *de prijs stijgt zeer.*

Accendi in aliquid, *van begeerte tot iets branden.*

Acceptus es mihi, *gij zijt mij aangenaam.*

Acceptum ferre, *of* referre aliquid alicui, *iemand iets te danken hebben.*

Accidĕre ad genua, *of* pedes alicuius, *iemand te voet vallen.*

Accĭdit mihi nihil acerbius ex hac re, *hieruit is mij niets smartelijker overgekomen.*

Accipĕre aliquid aequo animo, *of* in bonam partem, *of* in malam partem, *iets ten goede, of ten kwade opnemen.*

Accipio omen, *ik neem het voorteeken ten goede op.*

Accommŏdare se rei, *of* ad rem, *zich naar eene zaak schikken.*

Accommodare lateri ensem, *den degen op zijde hangen.*

Accommodatus naturae, *of* ad naturam, *met de natuur overeenkomende.*

Acquiescĕre rei, *of* in re, *in eene zaak berusten.*

Acquiescere a lassitudine, *rusten van vermoeidheid.*

Actum est de me, *het is met mij gedaan.*

Actum est bene mecum, *men heeft mij wel behandeld,* of *ik heb het wel gehad.*

Ad diem, *op den bepaalden dag,* of *ter regter tijd.*

Ad multum diei, *tot laat op den dag.*

Ad calendas (kalendas) Graecas, *nooit.*

Adaequare urbem solo, *eene stad tot den grond toe slechten.*

Addĕre alicui animum, *iemands moed vermeerderen.*

Addicĕre fidem pretio, *voor geld onregt handelen.*

Addīcit Praetor bona alicui, *de Praetor stelt iemand in het bezit van goederen.*

Addictus alicui, *om schulden veroordeeld, om voor zijnen schuldeischer te werken.*

Addictus neutri parti, *onzijdig.*

Addūcere *of* impellĕre aliquem in spem, *iemand in de hoop brengen.*

Res in summam invidiam adducta est, *de zaak is zeer in den haat gebragt.*

Adesse alicui in re, *iemand in eene zaak bijstaan of helpen.*

Adhibēre modum in aliqua re, *ergens in maat houden.*

Adhibere aliquid ad panem, *bij brood iets eten.*

Adiacēre mare, *of* iacēre ad mare, *aan zee liggen.*

Adiicĕre album calculum errori, *de dwaling goedkeuren.*

Adiicere oculos alicui rei, *naar eene zaak begeerig worden.*

Adire hereditatem, *eene erfenis aanvaarden.*

Adiudĭcare aliquid alicui, *iemand iets geregtelijk toewijzen.*

Adiŭvare ad rem, *tot eene zaak voordeelig zijn.*

Admīrari aliquem, *of* aliquid, *zich over iemand,* of *over iets verwonderen.*

Admirari de multitudine, *zich wegens de menigte verwonderen.*

Admiscēre aliquem ad aliquid, *iemand ergens in mengen.*

Admittĕre aliquem ad se, *iemand tot zich toelaten.*

Admittere facinus in se, *eene slechte daad begaan.*

Admittere equum, *het paard den teugel vieren.*

Admittere aliquem in lucum, *iemand op ecne plaats toelaten.*

Admonēre debitores, *schuldenaars manen.*

Admovēre manus operi, *de handen aan het werk slaan.*

Adoptare aliquem filium testamento, *iemand bij testament tot zoon aannemen.*

Adrēpĕre ad amicitiam, *zich ongemerkt in de vriendschap dringen.*

Adversari alicui, *of* rei, *zich tegen iemand, of eene zaak verzetten.*

Advertēre animum studiis, *of* ad studia, *zijnen geest op oefeningen rigten of vestigen.*

Advertere oculos in aliquid, *zijne oogen op iets rigten.*

Aemŭlari alicui, *iemand benijden.*

Aemulari aliquem, *iemand navolgen, iemand door navolgen gelijk trachten te komen of te worden.*

Aequipărare aliquem *of* aliquid dignitate, *iemand of iets in aanzien evenaren.*

Aequi bonique aliquid consulĕre, *of* facere, *iets ten goede opnemen.*

Affectare munditiem, *naar zindelijkheid streven.*

Afferre aliquid alicui, *of* ad aliquem de re, *iemand iets over eene zaak aanbrengen.*

Afferre vim alicui, *iemand geweld aandoen.*

Affundĕre aquam arbori, *water bij eenen boom gieten.*

Agĕre aliquem reum facti, *iemand over eene daad beschuldigen.*

Agere, *of* agitare vitam *of* aetatem, *leven.*

Agere animam, *op sterven liggen.*

Agere cum animo, *overwegen.*

Agere radīces, *wortelen schieten.*

Agere praedam, *buit maken.*

Agere caussam, *een proces voeren.*

Agere caussam alicuius, *iemand voor het geregt verdedigen.*

Agere Consulem, *zich als Consul aanstellen, gedragen.*

Agere partes, *eens rol vervullen.*

Agere otia, *niets uitvoeren, rustig leven.*

Agitur vita tua, *of* de vita, *uw leven is in gevaar.*

Aguntur vectigalia, *de inkomsten van den staat zijn in gevaar.*

Acti labores iucundi, *na gedaan werk is goed rusten.*

Acta agere, *vergeefsche* of *onnoodige moeite doen.*

Agïtare aliquid secum, *of* animo, *of* cum animo, *of* mente, *iets bij zich overleggen.*

Agitare animum curis, *zijnen geest met zorgen bezig houden.*

Agitare pacem, *vrede hebben.*

Agitare dies festos, *feestdagen vieren.*

Agitare consilia defectionis, *plannen tot afval smeden.*

Agitantur induciae, *men heeft wapenstilstand.*

Allīdere caput ostio, *met zijn hoofd tegen de deur bonzen.*

Allūdere alicui, *of* ad aliquem, *met iemand den gek scheren* of *schertsen.*

Aliēnare bonos a se, *braven van zich verwijderen.*

Alternat arbor fructus, *de boom draagt om het andere jaar vruchten.*

Altero tanto longus, *eens zoo lang.*

Altero tanto longior, *meer dan eens zoo lang.*

Animadverto te, *ik bemerk u.*

Animadverto in te exsilio, *ik straf u met ballingschap.*

Annōnam flagellare, *of* incendĕre, *of* comprimĕre, *het koorn duur maken.*

Annonam levare, *het koorn goedkooper maken.*

Annuĕre alicui, *iemand toeknikken, inwilligen.*

Annumĕrare aliquid alicui, *iemand iets toetellen.*

Antiqui homines, *menschen van den ouden stempel.*

Ante diem, *ontijdig, voor den bepaalden termijn, ook op den dag.*

In ante diem tertium calendas, *op den derden dag voor de calendae.*

Ante lucem, *voor den morgenstond.*

Ante noctem, *in de avondschemering.*

Ante oculos habeo, *ik heb voor oogen.*

Ante oculos pono, *ik stel voor oogen.*

Aperire caput, *het hoofd ontblooten, den hoed afnemen.*

Aperire alicui reditum, *iemand het terugkeeren verschaffen.*

Aperto pectore scribere, *openhartig schrijven.*

Apparēre regi, *in dienst van den koning zijn.*

Appellěre classem ad litus, *de vloot naar het strand sturen, met de vloot landen.*

Appellitur navis, *het schip landt.*

Appětěre aliquid manibus, *de handen ergens naar uitstrekken.*

Applĭcare mentem ad philosophiam, *zich op de wijsbegeerte gaan toeleggen.*

Appōnere aliquid alicui, *iets bij iemand stellen.*

Apponere notam ad malum versum, *bij een slecht vers een teeken zetten.*

Aqua et igni interdīcere alicui, *iemand water en vuur ontzeggen, dat is, bannen.*

Aqua haeret mihi, *ik kan niet meer voortgaan met spreken, ik blijf steken* [1]).

Aquam dare, *tijd geven om te spreken.*

Aquam perděre, *den tijd om voor het geregt te spreken voorbij laten gaan.*

Arcessěre a capite, *van het begin af ophalen.*

Arcessere aliquem crimine, *iemand over eene misdaad beschuldigen.*

Ardēre studio, *van ijver branden.*

Arridēre alicui, *iemand toelagchen.*

Arripěre aliquem medium, *iemand snel om zijn midden vatten.*

Arripere aliquid, *iets met drift aangrijpen.*

---

[1]) Van de redenaars, die naar den tijd van den clepsydra of waterlooper voor het geregt moesten spreken, door POMPEIUS het eerste ingevoerd.

Arrŏgare sibi sapientiam, *zich wijsheid aanmatigen.*

Arrogare sibi multum, *zich veel inbeelden.*

Arrogare aliquem, *iemand als kind aannemen.*

Assentire alicui, *iemand toestemmen.*

Assĭdĕre alicui, *bij iemand zitten.*

Assignare culpam fortunae, *de schuld aan het lot geven.*

Assistĕre alicui, *iemand in het gereyt bijstaan* of *te hulp komen.*

Asspergĕre alicui maculam, *of* aliquem macula, *iemand eene klad aanwrijven.*

Asspergere carnem sale, *vleesch inzouten.*

Asspīrare alicui, *iemand begunstigen.*

Asspirare ad virtutem, *naar deugd streven.*

Assuefacĕre aliquem aliqua re, *of* ad aliquam rem, *iemand aan iets gewennen.*

Assūmere aliquem in societatem, *iemand in het bondge- nootschap opnemen.*

Attendĕre ad aliquid, *op iets acht slaan.*

Attĭnet nihil ad me, *het gaat mij niet aan.*

Non attinet, *het doet niet ter zaak.*

Auctor tibi sum, *ik raad u.*

Audax animi, *of* animo ad facinus, *ondernemend om iets slechts te doen.*

Audiens dicto esse alicui, *iemand gehoorzaam zijn.*

Audientiam facere alicui, *maken, dat iemand gehoor krijgt.*

Audire bona venia, *of* cum bona venia, *met genoegen toe- hooren.*

Avellĕre se ab aliquo, *zich van iemand losscheuren.*

Avellere poma ab arboribus, *het ooft van de boomen plukken.*

Aversari aliquid, *ergens van afkeer hebben.*

Avertĕre culpam in aliquem, *op iemand de schuld schuiven.*

B.

Bene, *of* male audire ab omnibus, *bij iedereen eenen goe-

den, of *kwaden naam hebben*, *in eenen goeden* of *kwaden*
reuk staan.
Bene est mihi, *het gaat mij wel.*
Bene, *of* male caděre, *goed*, of *kwalijk uitvallen.*
Bene facere alicui, *iemand weldoen.*
Bene se habet, *hij bevindt zich wel.*
Bene eměre, *goedkoop koopen.*
Bene venděre, *duur verkoopen.*
Bene mane, *zeer vroeg.*
Benevolentiam conferre erga aliquem, *iemand zijne wel-*
  willendheid betoonen.
Benevolentiam habere, *welwillend zijn.*
Benevolentiam capere, *of* captare, *welwillendheid najagen.*
Biběre auro, in *of* ex auro, *uit gouden bekers drinken.*
Bis tantum sufficit, *tweemaal zooveel is genoeg.*

C.

Caděre caussa in iudicio, *voor het geregt zijn proces ver-*
  liezen.
Cadere animo, *den moed laten zakken.*
Cadere in morbum, *ziek worden.*
Fabula cadit, *het tooneelstuk wordt afgekeurd.*
Cadit mihi animus, *de moed ontzinkt mij.*
Cadunt mihi dentes, *mijne tanden vallen uit.*
Cecĭdit ita res, *de zaak is zoo uitgevallen.*
Caeděre terga hostium, *op den vlugtenden vijand inhouwen.*
Calumniari aliquem, *iemand valsch beschuldigen.*
Caněre classicum, *of* bellicum, *door blazen het teeken tot*
  den aanval geven.
Canere *of* dare signum receptui, *den aftogt blazen.*
Capax navium, *of* navibus, *schepen kunnende bevatten.*
Capere finem, *een einde nemen.*
Capere aures, *het gehoor innemen.*

Capere detrimentum, *nadeel lijden.*

Capere dolorem, *smart gevoelen.*

Capere misericordiam, *medelijdend worden.*

Capit me desiderium, *ik verlang.*

Capi dulcedine cantus, *door de liefelijkheid van het ge-zang ingenomen worden.*

Castīgare aliquem verbis, *iemand met woorden tuchtigen, of zoeken te verbeteren.*

Cavillari aliquem, *of* cum aliquo, *met iemand den gek scheren.*

Cedĕre nemini, *voor niemand onderdoen of wijken.*

Cedere tempori, *voor de tijdsomstandigheden onderdoen.*

Cedere foro, *bankroet maken.*

Cedere vita, *of* e vita, *sterven.*

Cedere alicuius virtuti, *of* alicui virtute, *voor iemands deugd onderdoen, de vlag strijken.*

Cedit mihi quaestus, *de winst komt mij toe.*

Cedere patria, *of* e patria, *het vaderland verlaten.*

Cedit res prospere mihi, *de zaak valt voor mij gelukkig uit.*

Cedo (*adv.*) librum, *geef het boek op.*

Cernĕre hereditatem, *zich over de aanvaarding der erfe-nis bedenken,* of *zich erfgenaam verklaren.*

Certum est mihi, *het staat bij mij vast.*

Cessare nihil a victoria, *de overwinning vervolgen, voort-zetten.*

Cibare aves, *de vogels eten geven.*

Circumcīdere sumtus, *de kosten besnoeijen.*

Circumcidere errorem, *de dwaling wegnemen.*

Circumdăre urbem muro, *de stad met eenen muur omgeven.*

Circumdare aliquem amiculo, *iemand eenen mantel omhangen.*

Circumfluĕre rebus, *van zaken overvloeijen.*

Circumvenire aliquem, *iemand op eene listige wijze schade toebrengen, bedriegen.*

Circumvenire moenia exercitu, *de muren (als vijand) met een leger omringen.*

Claudĭcare in officio, *in zijnen pligt achterlijk zijn.*

Cògĕre Senatum, *den Senaat doen vergaderen, laden.*

Cognitus est mihi a teneris unguiculis, *hij is mij van zijne vroegste kindsheid af bekend.*

Cohaerēre alicui sanguine, *iemands bloedvriend zijn.*

Coire societatem cum aliquo, *met iemand een verbond sluiten.*

Colăphum infringĕre alicui, *iemand eene oorveeg geven.*

Colĕre agrum, *den akker bebouwen.*

Colere amicitiam, *vriendschap houden.*

Colere aliquem literis, *veel aan iemand schrijven.*

Collīdere manus, *in de handen klappen.*

Collīgĕre *of* recolligĕre animum, *weder moed vatten.*

Colligere *of* conferre sarcinas, *inpakken, of zijne goederen in orde brengen.*

Collŏcare spem in re, *zijne hoop in of op eene zaak stellen.*

Collocare filiam alicui, *iemand zijne dochter ten huwelijk geven.*

Collūdere cum aliquo, *met iemand geheime verstandhouding hebben.*

Committere proelium, *slag leveren, den slag beginnen.*

Committĕre se fidĕi alicuius, *zich op iemands goede trouw verlaten.*

Commŏdare aliquid alicui ad rem, *iemand iets tot eene zaak leenen.*

Commune hoc mihi cum illo est, *ik heb dit met hem gemeen.*

Compărare aliquid sibi, *zich iets verwerven, iets verkrijgen.*

Comparare se cum aliquo, *zich met iemand vergelijken.*

Comparare classem, *eene vloot gereed maken.*

Res ita comparata est, *het is zoo met de zaak gelegen.*

Compellare aliquem fratricīdam, *iemand broedermoorder noemen, of als broedermoorder aanklagen.*

Compellĕre aliquem in angustias, *iemand in het naauw brengen.*

Compellere aliquem ad laqueum, *iemand er toe brengen,
om zich op te hangen.*

Compensare labores gloria, *of* cum gloria, *de moeijelijkheden door roem vergoeden.*

Compertum est mihi, *ik weet zeker.*

Compertus nullius criminis, *van geene misdaad met bewijs
beschuldigd.*

Compīlare aliquem, *iemand berooven, afzetten.*

Compōnere bellum, *vrede maken.*

Componere dicta cum factis, *gezegden met daden vergelijken.*

Comprehendĕre aliquid animo *of* mente, *iets vatten of be-
grijpen.*

Concēdere alicui libertatem rei, *iemand de vrijheid tot eene
zaak toestaan.*

Concedere fato, *of* vita, *of* naturae, *sterven.*

Concīdere crimine, *door eene misdaad vallen of ongelukkig worden.*

Conciliare benevolentiam sibi, *zich welwillendheid verschaffen.*

Conciliare sibi amorem ab omnibus, *zich de liefde van
iedereen verwerven.*

Conciliare aliquem sibi, *zich iemand tot vriend maken.*

Concŏquĕre cibum, *de spijs verteren.*

Concrĕpare gladiis ad scuta, *geraas maken door met de
zwaarden op de schilden te slaan.*

Condĕre aliquem in carcerem, *iemand in de gevangenis zetten.*

Condere diem, *den dag eindigen.*

Condere urbem, *eene stad stichten.*

Condere laudes alicuius, *iemands lof beschrijven.*

Condere carmen, *een gedicht maken.*

Condīcere alicui ad coènam, *of* ad coènam alicuius, *beloven
bij iemand te komen eten.*

Condūcit saluti, *of* ad salutem, *het is tot de gezondheid* of
het welzijn dienstig.

Conferre rem cum re, *eene zaak met eene zaak vergelijken.*

Conferre se in urbem, *zich naar de stad begeven.*

Conficĕre aliquem sica, *iemand met den dolk dooden.*

Conficere cum aliquo de re, *met iemand over eene zaak een vergelijk treffen.*

Conficere sollicitudinem alicui, *iemand bekommering ver- wekken.*

Conficere negotium, *eene zaak tot stand brengen.*

Conficere mandata, *de bevelen volbrengen.*

Conflcit vetustas omnia, *de ouderdom vernietigt alles.*

Confici dolore, *door smart verteerd worden.*

Confīdere virtuti, *of* virtute, *op de deugd vertrouwen.*

Conglutīnare dolos, *het eene bedrog na het andere smeden.*

Coniicĕre hostes in fugam, *de vijanden op de vlugt slaan.*

Coniŭgare *of* connectĕre amicitiam, *vriendschap maken.*

Conquĕri de iniuria cum aliquo, *zich over verongelijking bij iemand beklagen.*

Consĕqui aliquem cursu, *iemand door loopen inhalen.*

Consĕrĕre manum cum aliquo, *met iemand slag leveren.*

Consōlari se spe, *zich met de hoop troosten.*

Constare sibi, *zich gelijk blijven.*

Constat mihi, *het staat bij mij vast,* of *het kost mij.*

Constat inter omnes, *allen gelooven.*

Consŭlĕre *of* consultare alicui, *of* rebus alicuius, *voor iemand zorgen, of iemand in zijne zaken bijstaan.*

Consulere *of* consultare aliquem, *iemand om raad vragen.*

Consulere de salute alicuius, *over iemands welzijn raad- plegen.*

Consulere crudeliter in aliquem, *een wreed besluit tegen iemand nemen.*

Contendĕre fides, *de snaren op het speeltuig spannen.*

Contendere vocem, *zijne stem uitzetten.*

Contendere ad gloriam, *naar roem streven.*

Contendere aliquid ab aliquo, *iets van iemand verlangen.*

Contendere armis cum aliquo, *met iemand vechten.*

Contendere cum aliquo de principatu, *met iemand over de opperheerschappij wedijveren.*

Contendere per loca sola, *door eenzame plaatsen trekken.*

Continēri hospitio alicuius, *door gastvrijheid aan iemand verbonden zijn.*

Contingit mihi, *het gebeurt mij.*

Contingit me, *hij raakt mij aan.*

Convĕnit mihi tecum, *ik kom met u overeen.*

Convenit hoc inter illos, *hierin zijn zij overeengekomen.*

Convenit hoc tibi, *of* in te, *dit past op u.*

Conditiones non conveniunt, *over de voorwaarden komt men niet overeen.*

Convenit claritati, *het is voor de helderheid dienstig.*

Convenit moribus illorum, *het komt met hunne zeden overeen.*

Convenire aliquem, *iemand spreken,* of *geregtelijk vervolgen.*

Convenire in unum, *zamenkomen.*

Convenire in colloquium, *tot een gesprek zamenkomen.*

Convertĕre aliquid ad salutem, *iets tot behoud doen keeren.*

Convertere oculos ad se, *de oogen tot zich trekken.*

Corrumpĕre aliquem pecunia, *iemand met geld omkoopen.*

Corrumpere mores civitatis, *de zeden der burgers bederven.*

Credĕre aliquid alicui, *iemand iets toevertrouwen.*

Crescĕre laude virtutum, *door zijne deugden steeds beroemder worden.*

Concordia res parvae crescunt, discordia maximae dilabuntur, *eendragt maakt magt, tweedragt breekt kracht.*

Cruentare manus sanguine, *zijne handen met bloed bezoedelen.*

Custodire aliquem ab iniuria, *iemand voor verongelijking bewaren.*

D.

Damnari voti, *zijnen wensch verkrijgen.*

Dare pecuniam mutuam alicui, *iemand geld ter leen geven.*

Dare epistolam alicui, *iemand eenen brief geven.*

Dare epistolam ad aliquem, *iemand eenen brief zenden.*

Dare librum in publicum, *een boek uitgeven.*

Dare operam rei, *of* in rem, *zijn best doen in eene zaak.*

Dare fidem alicui, *iemand zijn woord geven.*

Dare fidem rei, *eene zaak doen gelooven.*

Dare pecuniam foenori, *geld op rente zetten.*

Dare alicui pecuniam gratuitam, *iemand geld zonder rente geven.*

Dare animum alicui, *iemand moed geven.*

Dare manum alicui, *iemand de hand geven,* of *zich aan iemand overgeven.*

Dare rem mancipio, *den eigendom eener zaak overdragen.*

Dare nomen, *zich tot krijgsdienst lålen opschrijven.*

Dare poenas temeritatis alicui, *door iemand om zijne roekeloosheid gestraft worden.*

Dare ruinam, *instorten.*

Dare fabulam, *een tooneelstuk vertoonen.*

Dare se somno, *zich te slapen leggen.*

Res ita dant, *de zaken gaan zoo.*

Data *of* dedita opera, de *of* ex industria, *met opzet.*

Omnia summa tibi debeo, *ik ben aan u met goed en bloed verbonden.*

Debēre gratiam *of* gratias alicui, *iemand dank verschuldigd zijn.*

Decēdere alicui via, *of* de via, *voor iemand uit den weg gaan.*

Decedere provincia, *of* de *of* ex provincia, *na volbragt bestuur uit het wingewest vertrekken.*

Decedere de vita, *sterven.*

Decedere *of* mori testato, *met een testament sterven.*

Decedere *of* mori intestato, *zonder testament sterven.*

Decedit febris, *de koorts houdt op.*

Decernere proelio, *slag leveren.*

Decīdĕre spe, *of* a *of* de spe, *van zijne hoop verstoken worden.*

Decīdere in scelus, *tot een schelmstuk vervallen.*

Decīdere in terram, *op den grond nedervallen.*

Decīdere cum aliquo rem, *of* de re, *met iemand over eene zaak een vergelijk treffen.*

Declamare oràtionem, *eene redevoering ter oefening voordragen.*

Declarare aliquem Consulem, *iemand als Consul bekend maken.*

Deditus ventri et somno, *een lekkerbek en luiaard.*

Dedūcere rempublicam in discrimen, *de republiek in gevaar brengen.*

Deducere rem in angustum, *eene zaak beperken.*

Deducere aliquem ad fletum, *iemand aan het schreijen brengen.*

Deducere de *of* a capite, *van de hoofdsom aftrekken.*

Res eo deducta est, ut — *de zaak is zoover gebragt, dat —*

Deesse alicui, *iemand van hulp verstoken laten.*

Deesse officio, *zijnen pligt verzuimen.*

Honor non defuit illi, *hem heeft geene eer ontbroken.*

Defendĕre se ab hoste, *of* contra hostem, *zich tegen den vijand verdedigen.*

Deferre rem alicui, *of* ad aliquem, *iemand eene zaak opdragen.*

Deferre Senatui, *of* ad Senatum, *verslag aan den Senaat doen.*

Deficĕre animo, *den moed verliezen.*

Deficere ab amicitia alicuius, *iemands vriendschap verlaten.*

Deficiunt vires mihi, *of* me, *de krachten begeven mij*

Defectus annis, *krachteloos door de jaren.*

Deflagravit urbs, *de stad is afgebrand.*

Defodĕre aliquid in terram, *of* in terra, *iets in den grond begraven.*

Degĕre aetatem, *of* vitam, *leven.*

Degrĕdi a proposito, *eene uitweiding doen.*

Deiicĕre aliquem de sententia, *iemand van gevoelen doen veranderen.*

Delēgare alteri laborem, *eenen anderen eene werkzaamheid opdragen.*

Demerēri aliquem beneficiis, *iemand door weldaden aan zich verbinden.*

Demittĕre aliquid in pectus, *iets zeer ter harte nemen.*

Depacisci cum aliquo, *met iemand een verdrag sluiten.*

Depacisci sibi partem, *zich een deel bij verdrag bedingen.*

Depacisci ad conditionem alicuius, *zich met iemands voorwaarde laten bevredigen.*

Depelli a gradu, *van zijn voordeel verdrongen worden.*

Depōnere magistratum, *zijn ambt (op zijnen tijd) nederleggen.*

Deponere exercitum in terram, *het leger aan land zetten.*

Deprĕcari mortem alicui, *voor iemand om zijn leven smeken.*

Deprecari aliquid ab aliquo, *van iemand iets afsmeken.*

In hoc te deprecor, *hiervoor bid ik u om vergiffenis.*

Deripĕre *of* eripĕre rem alicui e manibus, *iemand eene zaak uit de handen rukken.*

Derŏgare aliquid legi, *of* de lege, *iets door eene andere wet aan de oude ontnemen.*

Desciscĕre a veritate, *van de waarheid afwijken.*

Deservire amicis, *zijne vrienden ten dienst zijn.*

Deservire corpori, *voor zijn ligchaam zorg dragen.*

Desistĕre de *of* a sententia, *van zijn gevoelen afstand doen, zijn gevoelen veranderen.*

Despērare vitae, vitam, *of* de vita, *aan zijn leven wanhopen.*

Despoliare aliquem bonis, *iemand van zijne goederen berooven.*

Despondēre animum, *den moed verliezen.*

Despondere alicui filiam, *iemand zijne dochter verloven.*

Desĭpit senectute, *hij is van ouderdom kindsch.*

Deterrēre aliquem a *of* de sententia, *iemand van zijn gevoelen afschrikken.*

Detrăhere honorem alicui, *iemand de eer onttrekken.*

Detrahere de alicuius fama, *iemands goeden naam verkleinen.*

L. S.

Cum a me, docendi munere deposito, peteretur, ut Latinas loquendi formulas, gymnasii discipulis ediscendas, colligerem, libenter in eo operam locavi, et hoc specimen, a Viris amicissimis, antea collegis, lectum, auctum et probatum, nunc in lucem edo.

Exempla e Cicerone, Sallustio, Caesare, Livio et Nepote pleraque sunt desumta, pauca e poëtis. Data opera nonnullas formulas, quae ob convenientiam cum nostra patria lingua non Latinae esse viderentur, etiam adieci, ut discipuli his tuto uti possent; ea autem exempla, quae in mea Latina grammatica, in nostro gymnasio usu recepta, leguntur, non addidi; si vero etiam aliis Doctoribus hoc specimen adhibere placuerit, qui in docedon

----

mea grammatica non utuntur, in altera, si opus sit, edi-

.tione non deerunt, a Virisque eruditis ut emendationes et

annotationes mecum benigne cummunicent, peto.

Veteri ad Rhenum Traiectu,

Cal. Febr. a mdcccl.

Devertĕre ad amicum in hospitium, *bij iemand als gast in-keeren.*

Devincire aliquem sibi, *of* secum, *zich iemand toegenegen maken,* of *aan zich verbinden.*

Dicare librum alicui, *aan iemand een boek opdragen.*

Dicare se civitati, *of* in civitatem, *zich als burger laten opschrijven.*

Dicĕre caussam capitis, *over halsmisdaad aangeklaagd, zijne zaak verdedigen.*

Dicis caussa, *niet in ernst,* of *om zoo maar wat te zeggen, in schijn.*

Diem auctionis obire, *op den dag bij de verkooping zijn.*

Diem *of* diem suum *of* diem supremum obire, *sterven.*

In diem vivere, *bij den dag leven.*

In diem flos gignitur, *de bloem wordt voor eenen dag, dat is, voor korten tijd voortgebragt.*

In diem reservare, *tot lateren tijd bewaren.*

In diem emĕre, *op tijd koopen, koopen om later te betalen.*

In dies crescĕre, *bij den dag groeijen.*

De die in diem *of* e die in diem differre, *van den eenen dag tot den anderen uitstellen.*

Diffīdere sibi, *zich mistrouwen.*

Dilābi rem familiarem sinĕre, *zijne middelen van bestaan laten verloopen.*

Dilabi in turpitudinem, *tot schande vervallen.*

Dirimĕre controversiam, *een verschil eindigen.*

Nox dirĭmit proelium, *de nacht maakt een einde aan den slag.*

Discĕre tibia, *op de fluit leeren spelen.*

Discēdere in sententiam alicuius, *zich bij iemands gevoelen voegen.*

Discedere aequa manu e proelio, *met gelijk verlies het slagveld verlaten.*

Discors sibi *of* secum, *met zich zelven oneens.*

2

Disiungĕre se ab aliquo *of* ab aliqua re, *zich van iemand of eene zaak afscheiden, onthouden.*

Dissentire ab aliquo re, *of* de re, *met iemand over eene zaak verschillen.*

Dissentire a malis moribus alicuius, *met iemands slechte zeden niet overeenstemmen.*

Dissidēre ab *of* cum aliquo (*of* alicui *bij de dichters*), *van iemand verschillen.*

Dissŏnus ab aliquo, *van iemand verschillend.*

Dissuadēre rem alicui, *iemand eene zaak afraden.*

Distinguĕre rem a re, *eene zaak van eene andere onderscheiden.*

Districtus re, *of* a re, *met eene zaak bezet.*

Distringĕre gladium, *zijn zwaard trekken.*

Divĭdere agros civibus, *de landerijen onder de burgers verdeelen.*

Divulgare aliquid sermonibus, *iets onder de menschen verspreiden.*

Dolēre rem, re, *of* de re, *over eene zaak smart hebben.*

Dolet mihi, *of* doleo, *het smart mij.*

Domĭnari in victos, *over de overwonnenen heerschen.*

Eloquentia dominatur in liberis civitatibus, *de welsprekendheid vermag het meest in vrije staten.*

Donare librum alicui, *of* aliquem libro, *iemand een boek schenken.*

Dormire in lucem, *een gat in den dag slapen.*

Dubĭtare rem, *of* de re, *aan eene zaak twijfelen.*

Ducĕre aliquem, *iemand leiden,* of *iemand om den tuin leiden, misleiden.*

Ducere stamina, *spinnen.*

Ducere uxorem, *eene vrouw trouwen.*

Ducere tempus, *of* bellum, *den tijd,* of *den oorlog rekken.*

Ducere genus ab aliquo, *zijn geslacht van iemand afleiden.*

Ducere aliquid sibi laudi, *zich iets tot lof rekenen.*

Ducere *of* effingere effigiem alicuius ex *of* de auro, *iemand beeld van goud maken.*

E.

Edĕre vitam, *of* animam, *sterven.*

Edere *of* ferre fructus, *vruchten geven.*

Efferre aliquem laudibus, *iemand met lofspraak verheffen, met lof overladen.*

Efferre aliquem amplo funere, *iemand plegtig begraven.*

Efferri victoria, *zich op de overwinning verheffen.*

Efflagĭtare rem ab aliquo, *eene zaak van iemand met drift verlangen.*

Efflare animam, *den adem uitblazen, sterven.*

Efflīgere aliquem, *iemand ombrengen.*

Effluo ex animo tuo, *ik word door u vergeten.*

Effundere odium, *zijnen haat laten varen.*

Elabōrare aliquid, *iets bearbeiden.*

Elaborare in literis, *zich zeer veel moeite geven in de wetenschappen.*

Elicĕre hostem e paludibus, *den vijand uit de moerassen lokken.*

Elucēre virtutibus, *door deugden schitteren.*

Elucŭbrare orationem, *eene redevoering bij het licht bearbeiden, of maken.*

Emānare in vulgus, *onder het volk bekend worden.*

Emendare vitia virtutibus, *de ondeugden door deugden uitwisschen, vergoeden.*

Emere ab *of* de aliquo, *van iemand koopen.*

Eminēré re, *of* in re, *in eene zaak uitblinken.*

Emittĕre e *of* de carçere, *uit de gevangenis loslaten, of den kampstrijd in de renbaan doen beginnen.*

Emittere tela in hostem, *pijlen op den vijand schieten.*

Emovēre multitudinem e foro, *de menigte van het forum of de markt jagen.*

Facere contra *of* adversus aliquem, *iemand ongenegen* of
   tegen iemand zijn.

Facere alicui dolorem, *iemand smart veroorzaken.*

Facere *of* accipĕre damnum, *verlies* of *nadeel lijden.*

Facere summam, *de som opmaken.*

Facere aes alienum, *schulden maken.*

Facere argentariam, *eene wisselbank houden.*

Facere naufragium, *schipbreuk lijden.*

Facere auctionem, *verkooping houden.*

Facere vitium, *bouwvallig worden.*

Facere negotium alicui, *iemand moeite aandoen.*

Facere fidem alicui, *iemand doen gelooven, overreden.*

Facere favorem alicui, *iemand gunst verschaffen.*

Facere alicui gratiam criminis, *iemand vergiffenis van eene*
   misdaad schenken.

Facere aliquem certiorem, *iemand verwittigen.*

Facere aliquem missum, *iemand uit zijne dienst laten gaan.*

Facere aliquem magnum, *iemand groot maken.*

Facere aliquem magni, *iemand hoog achten.*

Facere periculum rei, *of* in re, *eene zaak beproeven.*

Facere nihil reliquum, *of* reliqui, *niets overig laten,* of *ma-*
   ken dat niets ontbreekt.

Quid facias hoc homine? *Hoe zoudt gij dezen mensch behandelen?*

Quid facias illi? *Wat zoudt gij met hem beginnen?*

Fac ita esse, *stel eens, dat het zoo is* of *was.*

Fallaciam fallacia pellĕre, *list tegen list gebruiken.*

Fallĕre fidem, *zijn woord niet houden.*

Fallendi temporis caussa, *uit tijdverdrijf.*

Non me fallit, *het is mij niet onbekend.*

Spes eum fallit, *hij wordt in zijne hoop bedrogen.*

Fama potior est, quam divitiae, *een goede naam is beter*
   dan schatten.

Fastidire preces alicuius, *iemands beden versmaden, of er*
   van afkeerig zijn.

Feriari a negotiis, *vrij van werkzaumheden zijn.*

Ferre legem, *eene wet voordragen, maken.*

Ferre *of* dicere sententiam, *zijn gevoelen zeggen, of geregtelijke uitspraak doen (van de Senatoren).*

Ferre suffragium, *zijne stem uitbrengen.*

Ferre tacitum, *zwijgen.*

Ferre famam iustitiae, *den lof van regtvaardigheid wegdragen.*

Ferre arma contra, *of* adversus, *vijandig de wapenen voeren.*

Ferre se libertum, *zich als vrijgelatenen opgeven, noemen.*

Ferre se obviam alicui, *iemand te gemoet gaan.*

Ferre aliquid aequo animo, *iets goedsmoeds verdragen.*

Ferre aliquid iniquo animo, *of* moleste, *of* graviter, *of* aegre, *iets kwalijk nemen, of met moeite verdragen.*

Ferre alicui iudicem, *iemand tot zijnen regter voorstellen.*

Non ferre cupiditates, *zijne begeerten beperken.*

Fert animus discere, *ik heb lust te leeren.*

Res ita fert, *de zaak brengt het zob mede.*

Prae se ferre facinus, *eene snoode daad, die men gepleegd heeft, openbaren.*

Bona fide, *ter goeder trouw.*

Mala fide, *ter kwader trouw.*

Mea fide, *op mijn woord.*

Fidĕre, *of* fidem habere alicui, *op iemand vertrouwen.*

Fidere re (*dichterlijk* rei), *op eene zaak vertrouwen hebben.*

Fidibus scio, cano, *of* utor, *ik ken het snarenspel.*

Figĕre trabem in terram, *of* in terra, *eenen balk in den grond slaan.*

Figere leges, *de wetten in het openbaar ophangen, wetten maken.*

Findĕre lignum in partes, *hout in stukken klooven.*

Finire tempus, *den tijd bepalen, of eindigen.*

Finire cupiditates, *zijne begeerten bepalen.*

Firmare imperium, *de heerschappij bevestigen.*

Firmus equitatu *of* ab equitatu, *sterk in ruiterij.*

Flagrare cupiditate, *van begeerte branden.*

Flare aurum, *goud smelten.*

Flectĕre aliquem verbis, *iemand door woorden bewegen.*

Fluit fluvius sanguine, *de rivier stroomt van bloed.*

Fluit spes, *de hoop wankelt.*

Fortūnet Deus tibi honorem, *God zegene u in het verkre-*
gen eerambt.

Frangĕre vim alicuius, *iemands geweld fnuiken.*

Frangere consilia alicuius, *iemands plannen vernietigen.*

Frangere alicui gulam laqueo, *iemand worgen.*

Frangere fidem, *zijn woord breken.*

Fraudare aliquem pecunia, *iemand door list van zijn geld*
berooven.

Fructum capere *of* ferre e re, *uit eene zaak vrucht genie-*
ten, voordeel trekken.

Fugĕre congressus hominum, *gezelschappen vermijden.*

Fugit me, *ik weet niet, het is mij onbekend.*

G.

Gaudĕre in sinu, *zich in stille verheugen, in zijne vuist lag-*
chen.

Gemĕre rem, *eene zaak betreuren.*

Gemĭnare verba, *de woorden verdubbelen.*

Longe gentium, *wijd of verre in de wereld.*

Minime gentium, *volstrekt niet.*

Nusquam gentium, *nergens ter wereld.*

Usquam gentium, *ergens ter wereld.*

Ubicunque gentium, *het zij, waar het zij.*

Ubinam gentium? *Waar ter wereld toch?*

Morem gerĕre alicui, *iemands zin doen, iemand gehoorzamen.*

Gerere rem ex sententia, *eene zaak naar wensch volbrengen.*

Dum haec geruntur, *onderlusschen, middelerwijl.*

Gloriari rem, re, *of* de re, *op eene zaak roemen.*

Grassandum consilio, si nihil vires iuvant, *waar geweld niet helpt, moet men list gebruiken,* of *die niet sterk is, moet slim zijn.*

Gratiam alicuius inire, *of* ab *of* de aliquo, *iemands gunst verwerven.*

Gratias dicere *of* agere alicui, *iemand dankzeggen, bedanken.*

Gratiam *of* gratias habere alicui, *jegens iemand dank gevoelen, iemand dank verschuldigd blijven.*

Gratiam *of* gratias pro re referre, persolvĕre, *of* rependĕre, *iemand voor eene zaak dank vergelden.*

Gratia gratiam parit, *de eene dienst is de andere waard.*

In gratiam aliquem recipĕre, *iemand in zijne gunst wederom opnemen.*

In gratiam cum aliquo redire, *met iemand zich verzoenen.*

Exempli gratia, *bij voorbeeld.*

Mea gratia, *of* caussa, *om mijnentwil.*

Gratificari alicui, *iemand eene gunst bewijzen, genoegen geven.*

Gravare aliquem re, *iemand met eene zaak belasten.*

Gustare aliquid, *van iets proeven.*

Gustare partem voluptatis, *een gedeelte van het vermaak genieten.*

Gustare artem primis labiis, *zich met eene kunst even bekend maken.*

H.

Habēre bonam spem de aliquo, *omtrent iemand goede verwachting hebben.*

Habere aliquid in animo, *iets willens zijn,* of *in den zin hebben.*

Habere in numis, *in klinkende munt of contanten hebben.*

Habere aliquem carum, *veel van iemand houden.*

Habere male aliquem, *iemand slecht behandelen.*

Habere, *of* ducĕre rationem rei, *of* alicuius, *op eene zaak*, of iemand *achtslaan, achtgeven,* of *voor eene zaak,* of iemand *zorg dragen.*

Habere rationem cum aliquo, *met iemand te doen hebben, in verbindtenis staan.*

Habere rationem absentis, *iemand in zijne afwezendheid bedenken.*

Habere rationem temporum, *of* assentiri temporibus, *zich naar tijds omstandigheden schikken·*

Habeo dicere, *ik heb te zeggen, dat is, kan zeggen.*

Habeo dictum, *ik heb gezegd,*

Habeo dicendum, *ik heb te zeggen, dat is, ik moet zeggen.*

Habere aliud clausum in pectore, aliud promtum in lingua, *anders denken en anders spreken.*

Haeret res mihi in visceribus, *de zaak blijft mij diep in het hart.*

Hereditas sine sacris, *een onbezwaard voordeel, eene roos zonder doornen.*

Heres ex asse, *alleen en geheel erfgenaam.*

Heres ex uncia, *voor een twaalfde erfgenaam.*

Ab intestato heres fieri, *zonder testament erfgenaam worden.*

Homo frugi, *een braaf mensch.*

Homo trium literarum, *een dief.*

Homo igni spectatus, *een mensch in nood beproefd.*

Homo omnium horarum, *een mensch, altijd voor de genoegens der zamenleving gereed.*

Homo magnus, *een mensch van groote verdiensten.*

Homo novus, *een mensch zonder adelijk geslacht.*

Quota hora est? *Hoe laat is het?*

Horrēre conspectum alicuius, *niet durven onder iemands oogen komen.*

Horrere frigore, *van koude rillen.*

Horret animus recordari, *ik schrik, als ik er aan herdenk.*

Horret **ager** hastis, *het veld is bezaaid met spiesen.*
Hortari aliquem ad *of* in aliquid, *iemand tot iets aanspo-*
ren, trachten te bewegen, aanmoedigen.

I.

Iacēre graviter, *zeer ziek liggen.*
Iacēre pro patria, *voor het vaderland gesneuveld zijn.*
Iacēre in rosa, *genoegelijk liggen.*
Pauper ubique iacet, *de arme is nergens in tel.*
Pretia praediorum iacent, *de prijzen der landgoederen zijn*
gering.
Non iacet in molli veneranda scientia lecto, *men kan de*
geleerdheid niet zonder moeite verkrijgen.
Iacĕre *of* iactare aliquid in aliquem, *iemand met iets gooijen.*
Iacĕre fundamenta pacis, *de grondslagen van den vrede*
leggen.
Iactare virtutem, *op zijne deugd pogchen.*
Iactare se, *zich willen laten zien, zich pogchend vertoonen.*
Iam in eo est, *het is nu op het punt.*
Ignoscĕre aliquid alicui, *iemand iets vergeven.*
Illicĕre aliquem ad se, *iemand tot zich lokken.*
Illīditur navis scopulo, *of* ad scopulum, *het schip stoot op*
eene klip.
Illucescit dies, *het wordt dag.*
Illūdere alicui, aliquem, *of* in aliquem, *met iemand den*
spot drijven.
Illudere dignitati alicuius, *iemands waardigheid bespotten.*
Illustrare consilia, *de plannen openbaren, aan den dag brengen.*
Illustrare aliquem laudibus, *iemand door lof verheerlijken.*
Imaginari aliquid per somnum, *droomend zich iets ver-*
beelden.
Imbuĕre gladium sanguine, *het zwaard met bloed bevlekken.*
Imbuere se literis, *zich geheel op de wetenschappen toeleggen.*

Quo semel est imbuta recens servabit odorem testa diu, *wat men jong geleerd heeft, onthoudt men lang.*

Immergĕre manus in aquam, *zijne handen in water dompelen.*

Imminēre alicui, *aan iemand boven het hoofd hangen.*

Imminere bonis *of* in bona, *op goederen jagt maken.*

Immiscērc se alicuius negotiis, *zich in iemands zaken mengen.*

Immittere se in medios hostes, *zich midden onder de vijanden werpen.*

Immūnis alicuius rei, re, *of* a re, *vrij van eene zaak.*

Impatiens laboris, *niet tegen arbeid bestand.*

Impedire aliquem re, *of* a re, *iemand eene zaak beletten.*

Impendĕrc laborem in rem, *arbeid aan eene zaak besteden.*

Impĕrare alicui, *iemand bevelen.*

Imperare gentibus, *over volken heerschen.*

Imperare alicui pecuniam ad aliquid, *iemand bevelen om tot iets geld te geven.*

Impertire aliqnid indigentibus de re familiari, *van zijne middelen iets aan de behoeftigen geven.*

Aetas puerīlis his doctrinis impertiri debet, *de kindsche jaren moeten in deze wetenschappen onderwezen worden.*

Impĕtrare rem ab aliquo, *eene zaak van iemand verkrijgen.*

Impetrare civitatem alicui, *voor iemand het burgerregt verkrijgen.*

Impingĕre lapidem alicui, *iemand met eenen steen werpen.*

Impingere caput parieti, *met het hoofd tegen den muur stooten.*

Implēre amphoram ad summum, *de kan tot bovenaan toe vullen.*

Implĭcare se molestiis, *zich in moeijelijkheden wikkelen.*

Implicĭtus in morbum, *ziek geworden.*

Implōrare auxilium alicuius, *iemand om hulp smeeken.*

Impōnere onus in humeros alicuius, *of* alicui in humeris, *iemand eenen last op de schouders leggen.*

Imponere extremam *of* summam manum carmini, *de laatste hand aan een gedicht leggen.*

Imponere modum rei, *aan eene zaak paal en perk stellen.*

Imponere pileum alicui, *iemand zijne vrijheid schenken.*

Imponere vadimonium alicui, *iemand noodigen borg te stellen, om op den bestemden tijd voor het geregt te verschijnen.*

Imponere aliquem in equum, *iemand op het paard zetten.*

Importare commeatus. in urbem, *levensmiddelen in de stad invoeren of brengen.*

Imprĭmĕre sigillum in cera, *het zegel in was drukken.*

Impŭtare culpam alicui, *iemand de schuld geven.*

Quantum est in rebus inane, *alles is ijdelheid.*

Incendi in aliquem, *tegen iemand opgehitst, of op iemand toornig worden.*

Incendi gloria ad literarum studia, *door roem tot de letteroefeningen gedreven worden.*

Incertus loci, *onzeker omtrent de plaats.*

Incertus de salute, *onzeker omtrent zijn behoud.*

Ad *of* in incertum revocare, *in onzekerheid brengen.*

Incessit mihi *of* me cupiditas, *de begeerte bevangt mij.*

Incīdere spem alicuius, *iemand de hoop benemen.*

Incīdere aliquid arbori, in arborem, *of* in arbore, *iets in eenen boom snijden.*

Incīdit terror exercitui, *of* in exercitum, *de schrik bevangt het leger.*

Incīse scribĕre, *in korte, niet afgedeelde, zinnen schrijven.*

Incĭtare aliquem ad laborem, *iemand tot den arbeid aanzetten.*

Inclāmare aliquem nomine, *iemand bij zijnen naam toeroepen.*

Inclūdere aliquem carceri, in carcerem, *of* in carcere, *iemand in de gevangenis sluiten.*

Incommŏdare rem alicui, *iemand in eene zaak hinderlijk zijn.*

Increpare omnes, *allen toeschreeuwen.*

Increpare aliquid in aliquem, *over iets tegen iemand uitvaren.*

Increpare aliquem maledictis, *iemand uitschelden.*

Incŭbare ova, *of* ovis, *eijeren uitbroeijen.*

Incumbĕre gladio, *of* in gladium, *in zijn zwaard vallen.*

Incumbere ad *of* in philosophiam, *zich op de wijsbegeerte toeleggen.*

Incurrĕre *of* incursare in aliquem, *op iemand aanvallen.*

Incutĕre alicui timorem, *iemand vrees aanjagen.*

Indĕre nomen alicui, *iemand eenen naam geven.*

Indĭcat mihi vultus mores, *de gelaatstrekken maken mij met het karakter bekend.*

Indignari aliquid, *over iets verontwaardigd worden.*

Indormire caussae, *eene regtszaak nalatig behandelen.*

Indūcere aliquem ad bellum, *iemand tot den oorlog brengen.*

Inducere aliquem in errorem, *iemand in eene dwaling brengen.*

Inducere novum morem in rempublicam, *eene nieuwe gewoonte in de republiek invoeren.*

Induci spe, *door de hoop bewogen worden.*

Induĕre vestem, *of* sibi vestem, *of* se veste, *een kleed aandoen.*

Induere se in nubem, *zich in eene wolk hullen.*

Indulgēre sibi, *of* genio, *zijne lusten bot vieren.*

Indulgere dolori, *zich in de smart toegeven, te sterk treuren.*

Inebriare aliquem vino, *iemand eenen roes aanzetten.*

Inesse rei, *of* in re, *in eene zaak in zijn.*

Inferre mensam secundam, *het nageregt opbrengen.*

Inferre se in periculum, *zich in gevaar storten.*

Inferre manus sibi, *of* in se, *zich ombrengen.*

Inferre vim alicui, *tegen iemand geweld gebruiken.*

Inferre belli caussam alicui, *iemand eene oorzaak of voorwendsel aan de hand geven, om te oorlogen.*

Inferre corpus mortui, *een lijk begraven.*

Infĭcĕre civitatem vitiis principum, *de burgerij met de ondeugden der voornaamsten besmetten.*

Inficias ire aliquid, *iets ontkennen.*

Infīgere hastam corpori alicuius, *iemand met eene spies doorsteken.*

Inflammare populum in regem, *het volk tegen den koning opzetten.*

Inflectĕre aliquem lacrymis, *iemand door tranen roeren, tot zachtere gevoelens brengen.*

Inflīgere, infringĕre, *of* impingĕre alicui colăphum, *iemand eene oorveeg geven.*

Infodĕre aliquid in terram, *iets in de aarde ingraven.*

Informare aetatem puerīlem ad humanitatem, *den kindschen leeftijd beschaven.*

Infringĕre improbitatem alicuius, *iemands slechte voornemen te schande maken, vernietigen.*

Infundĕre venenum alicui, *iemand vergift inschenken.*

Infundere orationem in aures, *eene redevoering houden.*

Ingĕmere *of* ingemiscĕre rei, *of* in re, *over eene zaak zuchten.*

Ingurgĭtare se cibo et vino, *te veel eten en drinken.*

Ingurgitare se in flagitia, *zich met slechte daden overladen.*

Inhaerēre vestigiis alicuius, *iemands voetstappen naauwkeurig volgen.*

Inhaerent virtutes virtutibus, *de deugden zijn naauw met elkander verbonden.*

Inhiare hereditati, *of* hereditatem, *naar de erfenis haken of snakken.*

Iniicĕre aliquem in suspicionem, *iemand in verdenking brengen.*

Iniicere metum alicui, *iemand vrees aanjagen.*

Iniicere admirationem sui, *over zich verwondering verwekken.*

Inire gratiam ab aliquo, *of* apud aliquem, *zich bij iemand verdienstelijk maken, of iemands gunst verwerven.*

Inire, *of* subducere rationem, *oprekenen, of overleggen.*

Inire rationem ad aliquid, *een middel ergens toe aangrijpen.*

Iniungĕre laborem alicui, *iemand arbeid opleggen.*

Innare fluvio, *in* of *op de rivier zwemmen.*

Innīti humeris, *of* in humeris alicuius, *op iemands schou-*
 ders steunen.

Innuĕre alicui, *iemand eenen wenk geven.*

Inquīrere in aliquem, *naar iemand onderzoek doen.*

Inquirere de re, *naar eene zaak onderzoek doen.*

Inscendĕre currum, *of* in currum, *op den wagen klimmen.*

Inscrībere, *of* insculpĕre, nomen statuae, *of* in statua, *zijnen*
 naam op een standbeeld schrijven, of *graveren.*

Inscribitur liber, *het boek heeft tot titel.*

Inservire saluti alicuius, *voor iemands welzijn zorgen.*

Inservire temporibus, *zich naar tijdsomstandigheden schikken.*

Insidĕre, *of* insīdĕre in animo, *of* mente alicuius, *in iemands*
 ziel gevestigd zijn.

Insidĕre equo, *te paard zitten.*

Insilire equo, *of* in equum, *op het paard springen.*

Insilire tergo alicuius, *iemand op den rug springen.*

Insimŭlare aliquem facinoris, *iemand van eene snoode daad*
 beschuldigen.

Insistĕre rei, *of* in re, *zich op eene zaak vestigen,* of *op*
 eene zaak blijven staan.

Insistere rem, *eene zaak aanvaarden,*

Insŏlens malarum artium, *ongewoon aan kwade streken.*

Inspicĕre aliquem a puero, *iemand van een kind af ga-*
 deslaan.

Instare hostibus, *op den vijand aandringen,* of *den vijand*
 vervolgen.

Instare alicuius vestigiis, *iemand op den voet volgen.*

Instat bellum nobis, *de oorlog is voor ons op het uitbreken.*

Instat nox, *het is bijna nacht.*

Instat hora nona, *het is op slag van negen uren.*

Instruĕre copias, *de troepen in slagorde stellen.*

Instruere aliquem ad rem, *iemand tot eene zaak onderwijzen.*

Insultare alicui, *of* aliquem, in calamitate, *iemand in zijn ongeluk bespotten.*

Intĕgra aetate, *in den bloeijenden ouderdom.*

Integra, *of* in integro, est nobis res, *de zaak is in onze magt,* of *wij zijn geheel vrij in de zaak.*

Integrum non est mihi, *het staat niet meer aan mij.*

Intendĕre animum rei, in *of* ad rem, *zijnen geest op eene zaak rigten.*

Intendere tela alicui, *of* in aliquem, *pijlen op iemand rigten.*

Interclŭdere alicui viam ad aliquem, *iemand den toegang tot iemand verhinderen.*

Interdīcere alicui aqua et igni, *iemand bannen.*

Interdicitur mihi a lege, *de wet verbiedt mij.*

Interesse rei, *of* in re, *bij eene zaak tegenwoordig zijn.*

Interest inter belluam et hominem, *tusschen een wild dier en eenen mensch is het onderscheid.*

Interire fame, *van honger omkomen.*

Interpōnere se audaciae alicuius, *zich tegen iemands stoutmoedigheid verzetten.*

Interponĕre caussam, *tot reden voorwenden,* of *bijbrengen.*

Interprĕtari scriptores alicui, *iemand de schrijvers verklaren* of *uitleggen,* of *vertalen.*

Intorquēre talum, *den enkel verrekken, verstuiken.*

Invadĕre hostes, *of* in hostes, urbem, *of* in urbem, *de vijanden,* of *de stad aangrijpen,* of *de stad indringen.*

Metus invādit homini, *of* hominem, *de vrees grijpt den mensch aan.*

Invadere collum, *of* in collum, alicuius, *iemand om den hals vallen* of *omhelzen.*

Invĕhi in aliquem, *iemand (met wapenen of woorden) aanvallen.*

Invehi urbem, *of* in urbem, curru, *op eenen wagen de stad binnenrijden.*

Invidēre honorem alicui, *of* honori alicuius, *iemand de eer benijden, de eer niet gunnen.*

Invia virtuti nulla est via, *overal heeft de deugd toegang.*

Invīta Minerva aliquid facere, *iets tegen zijnen aanleg doen.*

Ioca agere cum aliquo, *met iemand aardigheden praten.*

Ioca et seria agere cum aliquo, *zeer gemeenzaam met iemand praten.*

Iocum alicui movēre, *iemand doen lagchen.*

Per iocum, *uit jok.*

Per ludum et iocum, *spelender wijs.*

Remoto ioco, *in ernst, zonder jok.*

Ire pedibus in sententiam, *tot een gevoelen overgaan.*

I, *of* abi in malam rem, *loop naar den drommel.*

Irrēpere arbori, *op eenen boom kruipen.*

Irrepere in mentes hominum, *in de ziel der menschen in-
sluipen,* of *ongemerkt komen.*

Irridēre aliquem, *iemand bespotten.*

Irrītare crabrones, *gevaarlijke vijanden uitdagen.*

Irrŏgare legem alicui, *tegen iemand eene wet aan het volk
voordragen.*

Irrumpĕre portam, *of* in portam, *de poort indringen.*

Iubēre aliquid aliquem *of* alicui, *iemand iets opleggen,
bevelen.*

Iubere aliquem regem, *iemand tot koning kiezen.*

Iudĭcare aliquid ex bono et aequo, *iets naar billijkheid beoordeelen.*

Iudicare aliquem hostem, *iemand voor vijand verklaren.*

Iudicare alicui, *of* aliquem capitis, *iemand over halsmisdaad
geregtelijk onderzoeken,* of *veroordeelen.*

Iungĕre amicitiam cum aliquo, *met iemand vriendschap maken.*

Iungere vocem fidibus, *zijne stem met het snarenspel pa-
ren,* of *vereenigen.*

Iurare deos, *of* per deos, *bij de goden zweren.*

Iurare in verba magistri, *zijnen meester blindelings volgen.*

Iurare aliquid alicui, *iemand iets bij eede beloven,*

Iurare in litem, *de waarde eener betwiste zaak bezweren.*

Optimo iure, *met het grootste regt.*

Stricto iure, *naar de strengste regtvaardigheid.*

Iuvante Deo, *met Gods hulp.*

L.

Fides sociorum labat, *de trouw der bondgenooten wankelt.*

Labant mihi genua, *mijne knieën knikken.*

Labant mihi dentes, *mijne tanden staan los.*

Labi in somnum, *in slaap vallen.*

Labi *of* prolābi longius, *ongemerkt te ver afwijken, wijd-loopiger worden.*

Labi lingua, *zich verspreken.*

Labi spe, *van de hoop verstoken worden.*

Labi facultatibus, *tot armoede vervallen.*

Labitur disciplina, *de tucht is in verval.*

Cito pede labitur aetas, *ongemerkt wordt men oud.*

Labor improbus omnia vincit, *onvermoeide arbeid overwint alles.*

Labōres solis et lunae, *zons- en maansverduisteringen.*

Labores catenati, *aanhoudende werkzaamheden.*

Iucundi acti labores, *na gedaan werk is het goed rusten.*

Labōrare ex intestinis, *buikpijn hebben, of loslijvig zijn.*

Laborare pedibus, *of* ex pedibus, *het voeteuvel hebben.*

Laborare ex renibus, *pijn in de lendenen hebben.*

Laborare sacro morbo, *de vallende ziekte hebben.*

Lacěrare bona patria, *de vaderlijke goederen verkwisten.*

Lacrymae mihi cadunt, *of* manant; gaudio, *ik schrei van blijdschap.*

Lac non est lacti similius, *zij gelijken elkander als twee droppels water.*

Laetari re, *of* de re, *zich over eene zaak verblijden.*

Largiore vino uti, *te veel wijn drinken.*

Largiri aliquid alicui, *iemand met iets beschenken.*

Largus de alieno, *van eens anders leder is goed riemen snijden.*

Larvam ponere, *den aap uit de mouw laten komen.*

Bene qui latuit, bene vixit, *er is niets beter dan een vergeten burger te zijn.*

Legĕre aliquem in senatum, *iemand in den raad kiezen.*

Leo domi, foris lepus est, *hij is een pochhans.*

Libĕrare aliquem metu, *iemand van vrees bevrijden.*

Ligna ferre in sylvam, *water in de zee brengen, óók eenen cent in het zakje leggen.*

Lingua patria, *of* vernacula, *de moedertaal.*

Lingua insiticia, *eene aangenomene vreemde taal.*

Lingua peregrīna, *eene vreemde taal.*

Locare se in insidiis, *zich in hinderlaag plaatsen.*

Locare operam alicui in re, *iemand in eene zaak voor loon dienen.*

Locare filiam alicui nuptum, *of* nuptiis, *of* in matrimonio, *iemand zijne dochter uithuwelijken.*

Locare statuam faciendam, *een standbeeld aanbesteden.*

Loco fratris esse alicui, *iemand als een broeder zijn.*

Longum est narrare, *het is te lang om te verhalen.*

Loqui cum aliquo, *dichterlijk* alicui, de re, *met iemand over eene zaak spreken.*

Ludĕre aliquem, *met iemand den gek scheren.*

Ludere aliquid, *met iets den spot drijven.*

Ludere pilam, *of* pila, *met den bal spelen.*

Lupus in fabula, *als men van den drommel spreekt, is hij digt bij.*

Lustrare agros, *de akkers godsdienstig reinigen of wijen.*

Lustrare exercitum, *het leger in oogenschouw nemen, monsteren.*

Lustrare aliquid animo, *iets overdenken.*

Luxuriant animi rebus plerumque secundis, *meestal bewerkt voorspoed weelde, of het moeten sterke beenen zijn, die de weelde kunnen dragen.*

M.

Mactare aliquem morte crudeli, *iemand wreedaardig dooden.*

Mactare aliquem laude, *iemand met lof vereeren.*

Macte virtute! *Bravo! Veel geluk! Heil u!*

Madet vino, *hij heeft eenen roes aan.*

Madet metu, *hij zweet van angst.*

Magnam partem, *of* magna ex parte, *grootendeels.*

Male audire, *eenen kwaden naam hebben.*

Male se habet res, *het is met de zaak slecht gesteld.*

Manant ex vitiis peccata, *uit de ondeugden komen de mis-
daden voort.*

Manat malum in dies, *bij den dag breidt het kwaad zich uit.*

Mandare aliquĭd faciendum alicui, *iemand opdragen iets te
verrigten of te maken.*

Mandare aliquem humo, *iemand ter aarde bestellen, begraven.*

Bene *of* multo mane, *of* plane mane, *zeer vroeg.*

Hodie mane, *dezen vroegen morgen.*

Cras mane, *morgen vroeg.*

Postridie mane *of* postero mane, *den volgenden morgen vroeg.*

Heri mane, *gisteren morgen vroeg.*

Manēre loco, *of* in loco, apud aliquem, *op eene plaats bij
iemand blijven.*

Manere aliquem, *of* aliquid, *op iemand, of op iets wachten, of te wachten staan.*

Manus manum lavat, *de eene dienst is de andere waard.*

Manum de tabula, *geen woord meer, niet verder.*

Manum compărare *of* facere, *eene bende soldaten op de been
brengen.*

Manum conferre *of* consĕrĕre, *handgemeen worden.*

Manibus pedibusque, *met alle kracht.*

E manu emittere servum, *of* manu mittere, *eenen slaaf
zijne vrijheid geven.*

Ad *of* in manus venire, *in de handen komen, of handgemeen worden.*

In manum convenire, *trouwen (van de vrouwen).*

Manu *of* in manu tenēre, *in de hand houden, zeker weten.*

Sub manu *of* sub manum, *bij* of *onder de hand, in de nabijheid.*

In manu, *of* ad manum esse, *in de magt,* of *bij de hand zijn.*

Marcescĕre desidia, *van werkeloosheid krachteloos worden.*

Vario marte pugnare, *met verschillend krijgsgeluk vechten.*

Suo marte aliquid facere, *iets op zijn eigen houtje,* of *zonder vreemde hulp doen.*

Matura est hiems, *de winter komt op zijnen tijd.*

Medēri invidiae, *den nijd wegnemen, vernietigen.*

Medĭtari animo, *of* secum, rem, *of* de re, *bij zich zelven
eene zaak overwegen.*

Me dius fidius, *waarlijk, in de daad.*

Mediis esse non licet nobis, *wij mogen niet onsijdig zijn.*

Mentionem facere *of* inferre, rei *of* de re, *of* de aliquo, *van
eene zaak of van iemand melding maken.*

Mercari aliquid alicui ab aliquo, *iets van iemand voor iemand koopen.*

Merēre *of* merēri stipendia sub aliquo, *als soldaat onder iemand dienen.*

Merere equo, *als ruiter dienen.*

Merere bene de aliquo, *of* erga aliquem, *zich bij iemand
verdienstelijk maken.*

Merere male de re, *in eene zaak slecht handelen.*

Ut sementem feceris, ita et metes, *gij zult loon naar werken ontvangen.*

Mihi nec seritur, nec metĭtur, *de zaak gaat mij niet aan.*

Metiri aliquem fortuna, *iemand naar zijn geluk beoordeelen.*

Metuĕre insidias ab aliquo, *voor hinderlagen van iemand vreezen.*

Meus sum, *ik ben mijn eigen meester, hang van niemand af.*

Meus est, *hij is in mijne magt,* of *hij is mijn vriend.*

Micant arteriae, *de pols klopt.*

Migrare de *of* ex vita, *sterven.*

Minari alicui mortem, *iemand met den dood dreigen.*

Ministrare alicui, *iemand bedienen.*

Mirum in modum, *ongemeen, zonderling.*

Miscēre rem re, *eene zaak met eene zaak mengen.*

Miscere summa imis, *alles ten onderste boven keeren.*

Misce mihi, puer, *jongen (slaaf), schenk mÿ eens in.*

Miserum est habuisse et nihil habere, *het is beter, ik heb, dan ik had.*

Mittere rem alicui, *of* ad aliquem, *iemand eene zaak zenden.*

Mittere aliquem alicui auxilio, *aan iemand iemand te hulp zenden.*

Rem missam facere, *eene zaak laten varen.*

Modĕrari irae, *zÿnen toorn bedwingen, matigen.*

Moderari equum, *het paard besturen.*

Moerēre patriam, *of* patria, *zÿn vaderland betreuren.*

Molliter ossa cubent, *zacht moge zÿn gebeente rusten.*

Morari cum aliquo, *met iemand omgaan.*

Morari aliquem, *iemand doen vertoeven, ophouden.*

Movēre se loco, de *of* e loco, *zich uit eene plaats in beweging stellen, of opbreken.*

Movere bellum alicui, *iemand den oorlog aandoen.*

Movere castra, *met het leger opbreken.*

Hoc me movet, *dit treft mÿ, of roert mij, of brengt mÿ tot andere gedachten.*

Multum eius nomen est, *hÿ is in hooge achting.*

Multum esse in re, *lang met eene zaak zich bezig houden.*

Unus e multis, *een eenvoudig of gewoon mensch.*

Mutare rem re, *eene zaak met eene zaak verruilen, of verwisselen.*

Gaudium in moerorem mutatum est, *de vreugde is in droefheid veranderd.*

Mutuari aliquid ab aliquo, *van iemand iets leenen of in gebruik nemen.*

N.

Homo emunctae naris, *een schrander mensch.*

Homo obesae naris, *een dom mensch.*

Narrare alicui aliquid *of* de aliqua re, *iemand iets vertel-len, verhalen.*

Narras male mihi, *gij geeft mij slechte tijding.*

Nasci ad omnia summa, *tot alles groots geboren worden.*

Nascitur hinc, ut —, *hieruit volgt, dat —.*

Pro re nata, *of* e re nata, *naar omstandigheden, zoo als de zaak zich voordoet.*

Natat pavimentum aqua, *de vloer zwemt van water.*

Navare alicui operam rei, *of* ad rem, *iemand in eene zaak dienst doen, hulp betoonen.*

Navem subdūcere, *het schip op strand halen.*

Navem dedūcere in mare, *het schip in zee brengen.*

Navigare mare, *of* in mari, *op zee varen.*

Navĭgo in portu, *ik ben in veiligheid.*

In eādem navi vehi, *of* ferri, *of* esse, *een gelijk lot hebben.*

Nectĕre alicui catenas, *iemand met ketenen beladen.*

Omnes virtutes inter se nexae sunt, *er is een naauw ver-band tusschen alle deugden.*

Nego, me audire, *ik zeg, dat ik niet hoor.*

Negare aliquid alicui, *iemand iets weigeren.*

Neglĭgere pecuniam in loco, *op zijnen tijd zijn voordeel laten varen.*

Quid mihi tecum negotii est? *Wat heb ik met u te doen?*

Nemo est, qui nesciat, *iedereen weet.*

Nimius est in hac re, *hij doet in deze zaak te veel, hij gaat te ver.*

Niti cubito, *op den elleboog rusten.*

Niti ad gloriam, *naar roem streven.*

Niti in vetĭtum, *naar het verbodene streven.*

Niti gratia de re, *door gunst eene zaak bevorderen.*

Nolle alicui, *iemand niet gunstig* of *toegenegen zijn.*

Notare aliquem verbis, *iemand met woorden berispen.*

Notare civem, *eenen burger bestraffen (van den Censor gezegd).*

Notum est in vulgus, *iedereen weet het.*

Novarum rerum cupidus, *naar verandering in de regering begeerig, oproerig.*

Numĕrare aliquem in primis, *iemand onder de voornaamsten tellen.*

Nummi boni *of* probi, *echt geld.*

Nummi adulterini, *valsch geld.*

Nummi circumforanei *of* aes circumforaneum, *opgenomen geld, schulden.*

Nummi vacui, *of* pecunia otiosa, *renteloos kapitaal.*

Nummi cauti, *verzekerd geld.*

Nummi omnis notae, *allerlei geld.*

Nundĭnari a iudice ius ad utilitatem suam, *eenen regter omkoopen, om het regt tot zijn voordeel te verdraaijen.*

O.

Obdūcere callum dolori, *de smart vergeten.*

Obducere frontem, *het voorhoofd rimpelen.*

Obedire, *of* obedientem esse naturae, *de natuur gehoorzamen.*

Obire res suas, *zijne zaken waarnemen.*

Obire, *of* obire diem, *of* mortem, *of* diem supremum, *sterven.*

Obiectare aliquem, *of* caput, periculis, *iemand,* of *zich, aan gevaren blootstellen.*

Obiicĕre cibum cani, *den hond spijs voorwerpen.*

Obiicere aliquid alicui, *iemand iets verwijten, tegenwerpen.*

Obiicere se hosti, *zich den vijand in den weg stellen.*

Obiicitur iudici error, *den regter wordt eene dwaling voorgeworpen.*

Oblectare se in aliquo, *in iemand zijn vermaak vinden.*

Oblectare tempus aliqua re, *den tijd in eene zaak aangenaam doorbrengen.*

Oblĭgare vulnus, *eene wond verbinden.*

Obligare aliquem beneficio, *iemand door eene weldaad verbinden.*

Oblĭgare rem pignori, *eene zaak te pand zetten.*

Obligare populum scelere, *het volk onder de schuld eener misdaad brengen.*

Obliterare offensam in animo, *eene beleediging vergeten.*

Oblŏqui alicui, *iemand tegenspreken.*

Obrŏgat lex nova antiquae, *eene nieuwe wet ontneemt de oude hare kracht.*

Obruĕre aliquid, *iets verduisteren*, of *iets zijne kracht ontnemen.*

Obruere aliquem lapidibus, *iemand steenigen.*

Obruere se vino, *zich met wijn overladen.*

Obrŭtus aere alieno, *met schulden overladen.*

Obscūrum non est, *het is openbaar.*

Obscurus homo, *een geheimzinnig*, of *onaanzienlijk*, of *onbekend mensch.*

Obsĕcro te, *eilieve*, of *ik bid u.*

Obsĕqui voluntati alicuius, *iemands wil volgen*, of *daaraan toegeven, zich daarin schikken.*

Obsistere alicui, *of* rei, *zich tegen iemand*, of *tegen eene zaak verzetten.*

Obsoletus homo, *een mensch met oude versletene kleederen, of eene mode ten achteren.*

Obstruĕre portas, *de poorten ontoegankelijk maken.*

Obtestari fidem alicuius, *iemands goede trouw tot getuige roepen*, of *iemand bij zijne trouw om iets smeeken.*

Si quid mihi obtigerit, *zoo mij iets zal overgekomen zijn, of als ik mogt sterven.*

Obtrectare gloriam, *of* gloriae alicuius, *iemands roem bewalken, of verkleinen.*

Obviam alicui ire, *of* prodire, *of* procēdere, *iemand te gemoet gaan.*

Obviam ire cupiditatibus, *de begeerlijkheden bedwingen.*

Occallescēre patientia, *door lang wachten het gevoel verliezen.*

Odērunt peccare boni virtutis amore, *uit liefde voor de
deugd hebben braven eenen afkeer van misdoen.*

Odio in aliquem ferri, *iemand zeer haten.*

Offendēre aliquem, *iemand beleedigen, vertoornen.*

Offendere in re, *in eene zaak misdoen.*

Offĭcit mentis luminibus altitudo fortunae, *de grootheid van
geluk is nadeelig voor de helderheid der ziel.*

Offerre se morti, *zich aanbieden om te sterven.*

Oleum et operam perdidi, *ik heb vergeefs alle moeite aange-
wend,* of *ik heb onnut den tijd doorgebragt.*

Opem ferre alicui, *iemand helpen.*

Operae pretium est, *het is de moeite waard.*

Operae pretium facere, *iets doen, dat de moeite waardig is.*

Operam dare rei, *zich op eene zaak toeleggen.*

Opperiri fortunam, *de kans afwachten.*

Oppĕtere mortem, *sterven.*

Oppōnere se alicui, *of* rei, *zich tegen iemand,* of *eene zaak
verzetten.*

Opprĭmere iram, *den toorn bedwingen.*

Oppugnare petitionem alicuius, *zich tegen iemands verzoek
hevig verzetten.*

Oppugnare aliquem pecunia, *iemand door omkooping trachten op zijne zijde te brengen.*

Ostentare spem, *hoop laten zien.*

Ostentare se, *zich laten zien, pogchen.*

P.

Pace tua, *met uw verlof.*

Nulla pallescere culpa, *vrij van schuld zijn.*

Palpare alicui, *of* aliquem, *iemand streelen.*

Pangĕre carmen, *een dichtstuk maken.*

Par pari referre, *gelijk met gelijk vergelden.*

Panis candidus, *of* siligineus, *witte brood.*

Panis plebeius, *of* ater, *roggenbrood.*

Panis mucidus, *beschimmeld brood.*

Panis recens, *versch brood.*

Panis bis coctus, *of* nauticus, *beschuit.*

Panis castrensis, *commiesbrood.*

Panis furfureus, *slecht brood*, (*bon pour nikkel*).

Panis hordaceus, *garsten brood.*

Panis secundarius *of* secundus, *roode weits brood.*

Parare *of* parĕre sibi amicitiam cum aliquo, *zich de vriend-schap van iemand verwerven.*

Parare vim alicui, *eenen aanslag op iemand smeden.*

Parendum est necessitati, *men moet zich in den nood schikken.*

Partes agere, *eene rol spelen.*

Participare *of* partiri rem cum aliquo, *eene zaak met iemand deelen.*

Pascĕre oculos re, *zijne oogen met iets verlustigen.*

In ininstitia avaritia latissime patet, *in de onregtvaardigheid bekleedt de hebzucht eene zeer groote plaats.*

Pavōrem alicui afferre, *of* iniicĕre, *of* incutĕre, *iemand schrik aanjagen.*

Pellĕre aliquem ex *of* de civitate, *iemand uit de stad drijven.*

Pendĕre ex, ab, *of* de arbore, *aan eenen boom hangen.*

Pendĕre ab aliquo, *van iemand afhangen.*

Pendĕre pecuniam alicui, *iemand geld betalen.*

Nihil pensi habeo, *of* duco, *of* nihil pensi mihi est, *ik geef om niets.*

Pensare adversa secundis, *tegenspoed tegen voorspoed op-wegen.*

Perăgere aliquem reum, *iemand beschuldigen en doen ver-oordeelen.*

Percipĕre fructus rei, *of* ex re, *voordeel van eene zaak trekken.*

Percurrĕre aliquid animo, *iets met den geest doorloopen, iets overdenken.*

Percutĕre aliquem re, *iemand door eene zaak treffen, ter nederslaan.*

Perdūcere aliquem ad summos honores, *iemand tot de hoogste eerambten brengen.*

Perfundĕre animum gaudio, *zijne ziel met vreugde vervullen.*

Periculum facere alicuius rei, ex *of* in re, *eene zaak beproeven.*

Periculum creare alicui, *iemand gevaar veroorzaken.*

Periclĭtari omnia, *van alles de proef nemen.*

Perire ab aliquo, *door iemand omgebragt worden.*

Permittĕre se alicuius fidĕi, *of* in fidem, *zich aan iemands goede trouw overgeven.*

Permittere alicui arbitrium rei, *of* permittere rem arbitrio alicuius, *aan iemands goedvinden eene zaak overlaten.*

Permittere equum in hostem, *met zijn paard op den vijand losgaan.*

Persĕqui iudicio poenas ab aliquo, *iemand naar uitspraak van het regt doen straffen.*

Persōnam capiti detrāhere, *iemand ontmaskeren, die zich verborgen had, bekend maken.*

Perspicĕre fidem alicuius, *iemands goede trouw opmerken.*

Perstare in pravitate, *in slechtheid volharden.*

Pertĭnax propositi, *of* in proposito, *in zijn voornemen volhardend.*

Pervellĕre aurem alicuius, *of* alicui, *iemand herinneren.*

Pervenire ad aures alicuius, *iemand ter ooren komen.*

Perversus homo, *een verkeerd, slecht mensch.*

Pervertĕre aliquem, *iemand ongelukkig maken.*

Petĕre somnum, *slapen gaan.*

Piscari aureo hamo, *dwaze onkosten doen.*

Quo minime credis gurgite piscis erit, *men weet nooit, waar zijn fortuin ligt.*

Placare ventrem cibo, *den honger stillen.*

Pollicēri alicui montes auri, *of* maria et montes, *iemand gouden bergen beloven.*

Ponĕre libros de manibus, *de boeken uit de handen leggen.*

Ponere ante oculos, *voor oogen stellen.*

Ponere rationes, *rekening afleggen.*

Porrĭgere alicui dextram osculandam, *iemand tot den hand- kus toelaten.* `

Portare aliquid mali, *iets kwaads aanbrengen.*

Hoc posito et concesso, *dit gesteld en toegegeven zijnde.*

Posse plurimum apud aliquem, *bij iemand grooten invloed hebben, zeer veel vermogen.*

Post hominum memoriam, *zooverre het menschen heugt.*

Paucis post diebus, *of* paucis diebus post, *weinige dagen daarna.*

Posthabēre rem rei, *eene zaak voor eene zaak ter zijde stellen.*

Postŭlare aliquem reum impietatis, *iemand als schuldig aan slechtheid aanklagen.*

Postulare *of* deferre aliquem de pecuniis repetundis, *iemand aanklagen tot teruggaaf van gelden, die hij op eene on- regtvaardige wijze als ambtenaar in eene provincie zich toegeeigend heeft.*

Potest fieri, ut — *het is mogelijk, dat —*

Praebēre honorem alicui, *iemand eer bewijzen.*

Praebere aurem *of* aures alicui, *naar iemand hooren.*

Praecīdere spem alicui, *iemand de hoop benemen.*

Praecipĕre pecuniam mutuam, *vooraf geld ter leen opnemen.*

Praecipere consilia hostium, *de plannen der vijanden voorkomen.*

Praecipere alicui de eloquentia, *iemand in de welsprekend- heid onderwijs geven.*

Praecipio hoc tibi, *ik raad u dit.*

Praecurrit saepe amicitia iudicium, *dikwijls loopt de vriend- schap het oordeel vooruit.*

Ne lingua praecurrat mentem, *denk, eer gij spreekt.*

Praedari de *of* in bonis alicuius, *zich van iemands goederen meester maken.*

Praeferre alicui facem, *het ijs voor iemand breken.*

Praesagire aliquid alicui, *iemand iets voorspellen.*

Praesentit animus futura, *de ziel heeft een voorgevoel van de toekomst.*

Praesidĕre, *of* praesidio esse urbi, *de stad beschermen.*

Praestare alicui honorem, *iemand eer bewijzen.*

Praestare, *of* praebĕre alicui fidem, *iemand zijn woord houden.*

Praestare fidem alicuius, *houden, wat iemand beloofd heeft, of iemands goeden naam redden.*

Praestare alicui, *of* aliquem re, *iemand in eene zaak overtreffen.*

Praestare culpam, *voor de schuld instaan.*

Praestare in *of* de vi, *voor geweld instaan.*

Praestat res rei, *de eene zaak is beter dan de andere.*

Praesto esse, *bij de hand, of tegenwoordig zijn.*

Praesto esse alicui, *iemand ten dienst staan.*

Praestolari alicui, *of* aliquem, *iemand wachten.*

Praetendĕre aliquid seditioni, *voor den opstand een voorwendsel hebben.*

Non me praeterit, *het is mij niet onbekend.*

Precari aliquid ab aliquo, *iemand om iets bidden.*

Preces fundĕre ad Deum, *God bidden.*

Prehendĕre aliquem manu, *iemand bij de hand vatten.*

Premĕre vocem, *zwijgen.*

Pro nihilo habere, *voor niets achten.*

Pro loco et tempore, *naar plaats en tijd.*

Pro virili parte, *naar vermogen.*

Pro rata parte, *of* pro rata, *naar evenredigheid.*

Procidĕre ad pedes alicuius, *iemand te voet vallen.*

Procumbĕre in genua sua, *op zijne knieën vallen.*

Procēdit res prospere, *de zaak heeft eenen gelukkigen voort-gang.*

Prodire in publicum, *onder de menschen,* of *op straat komen.*

Prodĕre patriam hosti, *den vijand het vaderland verraden.*

Prodere memoriae, *te boek slaan, schriftelijk verhalen.*

Prodĭgus rei alicuius, *in eenige zaak verkwistend.*

Prodūcere exercitum in aciem, *het leger tot den slag voeren.*

Producere convivium in *of* ad noctem, *het gastmaal tot den nacht toe rekken.*

Producere vitam alicuius, *iemands leven rekken* of *verlengen.*

Proferre diem auctionis, *den dag van de verkooping verschuiven.*

Proferre aliquid in adspectum, *iets onder de menschen brengen.*

Profitēri scientiam iuris, *een reytsgeleerde zijn,* of *de regtsgeleerdheid onderwijzen.*

Profiteri se medicum, *verklaren geneesheer te zijn.*

Profiteri magna, *groote dingen beloven.*

Profundĕre vitam pro patria, *zijn leven voor het vaderland opofferen.*

Profundere odium in aliquem, *zijnen haat tegen iemand uit-storten.*

Profusus homo, *een verkwistend mensch.*

Prohibēre aliquem mori; *iemand het sterven beletten.*

Prohibere alicui aditum, *of* aliquem aditu, *of* de aditu, *iemand den toegang beletten.*

Prohibere debes, ne hoc fiat, *gij moet zorgen, dat dit niet gebeurt.*

Hiems prohibet, quominus navigem, *de winter verhindert mijne vaart.*

Proiicĕre se in fletus muliebres, *als eene vrouw schreijen.*

Prolābi in misericordiam, *tot medelijden komen.*

Promittĕre aliquid alicui de re, *iemand iets over eene zaak beloven.*

Promittere barbam, *den baard laten groeijen.*

Promittere ad coenam, *of* ad aliquem, *iemand beloven ter maaltijd*, of *bij iemand, te zullen komen.*

Promissis stare, *zijn woord houden.*

Promsit tibi Senatus pecuniam ex aerario, *de Senaat heeft u geld uit de schatkist gegeven.*

Promovēre exercitum ad urbem, *met het leger naar de stad rukken.*

Promovere exercitum in urbem, *het leger in de stad brengen.*

Promovere, *of* provĕhĕre aliquem in ordinem iurisconsultorum, *iemand tot de orde der regtsgeleerden bevorderen.*

In promtu mihi res sunt, *ik heb de zaken bij de hand.*

Pronuntiare sententiam, *zijn gevoelen zeggen.*

Pronus ad *of* in vitia, *tot ondeugden geneigd.*

Propinquare urbi, *of* ad urbem, *de stad naderen.*

Propinqua mihi est mors, *ik ben nabij den dood.*

Propositum est mihi, *ik heb het voornemen.*

Propugnare aequitatem, *of* pro aequitate, *de billijkheid verdedigen.*

Propulsare suspicionem a se, *het vermoeden van zich afwenden.*

Proripĕre se custodibus, *zijne bewaarders ontloopen.*

Proripere se ex porta, *snel de poort uitgaan.*

Prorŏgare alicui imperium, *iemand zijn bevel verlengen.*

Prosĕqui aliquem amore, *iemand liefhebben.*

Proscrībere aliquem, *iemand vogelvrij verklaren met verbeurdverklaring zijner goederen.*

Proscribere auctionem, *eene verkooping schriftelijk bekend maken.*

Prospiciunt oculi parum, *ik ben bijziende.*

Prosternĕre, *of* provolvĕre se ad pedes alicuius, *iemand te voet vallen.*

Publĭcare bona, *goederen verbeurd verklaren.*

Publicare, *of* edĕre librum, *een boek in het licht geven.*

Purgare se alicui, *zich bij iemand verontschuldigen.*

Purgare se apud aliquem facti, *zich bij iemand over eene daad zuiveren.*

Q.

Quatĕre muros ariete, *met eenen stormram de muren beuken.*

Quaestionem habere rei, *of* de re, *omtrent eene zaak onderzoek doen.*

Quaestiones habere in plebem, *het plebs pijnigen om de waarheid te onderzoeken.*

Quaestui deditus homo, *een winziek mensch.*

Quaestum facere re, *met eene zaak winst maken.*

Queri aliquid, *of* de aliqua re, *over eene zaak klagen.*

R.

Rapĕre aliquem de complexu ad supplicium, *iemand uit de armen ter straf wegslepen.*

Rationes referre, *rekening doen.*

Ratione huius temporis, *ten opzigte van den tegenwoordigen tijd.*

Rata est res, *de zaak heeft haar beslag gekregen.*

Rata est nostra amicitia, *onveranderlijk is onze vriendschap.*

Ratum aliquid facere, *iets bekrachtigen.*

Re ipsa, *of* re vera, *in de daad.*

Recēdere a vita, *sterven.*

Recidīva febri tentari, *of* affĭci, *de koorts weder krijgen.*

Recipere aliquem in civitatem, *iemand als burger aannemen.*

Recŏlere rei memoriam, *eene zaak herdenken.*

Recollĭgĕre se ex *of* a valetudine, *zijne krachten na eene ziekte terug krijgen.*

Reconciliare sibi aliquem, *zich met iemand verzoenen.*

Recreari a *of* ex morbo, *van eene ziekte herstellen.*

Recrudescit morbus, *de ziekte wordt weder heviger.*

Reddĕre caussam, *reden geven.*

Reddĕre, dare, *of* referre rationes, *rekening doen, afre-kenen.*

Reddere rationem alicui de re, *iemand van eene zaak re-kenschap geven.*

Reddere poenas temeritatis, *voor zijne roekeloosheid straf ondergaan,* of *gestraft worden.*

Reddere debitum naturae, *sterven.*

Reddere, vertĕre, *of* transferre aliquid e Graeca in Latinam linguam, *iets uit het Grieksch in het Latijn overzetten.*

Redĭgere aliquem in *of* sub potestatem alicuius, *iemand onder iemands magt brengen.*

Redĭmere captos e servitute, *gevangenen uit slavernij vrij-koopen.*

Redire in gratiam cum aliquo, *zich met iemand verzoenen.*

Res redit ad triarios, *het komt er op aan.*

Redit multum pecuniae ex metallis, *de mijnen brengen veel geld aan.*

Redolĕre doctrinam, *naar geleerdheid rieken.*

Redūcere aliquid alicui in memoriam, *iemand iets weder in de gedachten brengen.*

Reduviam curare, *zich met eene kleinigheid bezig houden.*

Referre se in urbem, *naar de stad terug keeren.*

Referre se ad philosophiam, *zich weder tot de wijsbegeerte begeven, tot de wijsbegeerte terug keeren.*

Referre, *of* ferre, *of* accipere repulsam ab aliquo, *in zijn verzoek bij iemand niet slagen,* (in het algemeen) *een weigerend antwoord van iemand krijgen.*

Referre salutem plurimam, *hartelijk wederom groeten.*

Referre aliquid acceptum alicui, *iemand iets te danken heb-ben,* of *opteekenen, wat men van iemand ontvangen heeft.*

Referre rem, *of* de re, ad Senatum, *aan den Raad iets voorstellen.*

4 *

Referre aliquem in numerum, *iemand onder het getal stellen.*

Referre versum Homeri, *een vers van Homerus aanhalen.*

Regione, *of* e regione oppidi, *vlak tegen de stad over.*

Relaxare se, *of* animum occupationibus, *of* ab occupationibus, *zich van bezigheden losmaken, verligting verschaffen.*

Relinquĕre scriptum, *bij geschrift nalaten.*

Relinquere iniurias, *zijne verongelijkingen niet vervolgen
of wreken.*

Relĭqua, *of* et reliqua, *en zoo voorts.*

In rem est, *het is nuttig.*

Remissionem alicui dare, *iemand eene uitspanning geven.*

Remittĕre se, *of* animum, *eene uitspanning nemen.*

Remittere habenas equo, *het paard den teugel vieren.*

Remittere poenam alicui, *iemand vergiffenis van straf
schenken.*

Equus remittit calces, *het paard slaat achteruit.*

Remittit cantus animum, *het gezang maakt opgeruimd.*

Remittitur febris, *de koorts neemt af.*

Remissus a labore, *traag in den arbeid.*

Ventus est remissior, *de wind is zachter.*

Renuntiare alicui societatem, *iemand het bondgenootschap
opzeggen.*

Renuntiare coenam ad aliquem, *iemand den maaltijd afzeggen.*

Renuntiare legationem ad Senatum, *aan den Senaat berigt
geven, wat men als gezant verrigt heeft.*

Renuntiare aliquem doctorem iuris, *iemand voor meester in
de regten verklaren.*

Repellĕre vim vi, *geweld met geweld keeren.*

Repĕtere memoriam rei, *eene zaak weder ophalen.*

Repetere repotia, *eene drinkpartij herhalen.*

Alte aliquid repetere, *iets hoog ophalen.*

Repōnere spem in aliquo, *op iemand zijne hoop stellen.*

Reportare victoriam ab, *of* ex hostibus, *de overwinning op
de vijanden behalen.*

Reposcēre rationem vitae ab aliquo, *van iemand rekenschap van zijne leefwijze vorderen.*

Reprehendēre aliquem manu, *iemand met de hand terug houden.*

Reprehendere aliquem in *of* de re, *iemand over eene zaak berispen.*

Repudium uxori mittēre, *of* remittere, *zijne vrouw den scheidbrief zenden, zich van zijne vrouw scheiden.*

Repūtare aliquid cum animo, *iets herdenken.*

Resĕcare aliquid ad vivum, *iets naauwkeurig onderzoeken.*

Resīdet spes in virtute tua, *de hoop rust op uwe dapperheid.*

Residua pecunia, *achterstallig geld.*

Resignare epistolam, *eenen brief openen.*

Resistĕre alicui, *of* contra aliquem, *iemand wederstand bieden,* of *zich tegen iemand verzetten.*

Respectu, *of* ratione amicitiae, *ten opzigte van,* of *met betrekking tot de vriendschap.*

Respondēre alicui ad literas, *iemand op zijnen brief antwoorden.*

Respondere de iure, *een regtsgeleerd advies geven.*

Coacta ingenia male respondent, *de natuur laat zich niet dwingen.*

Restituĕre alicui sanitatem, *of* aliquem sanitate, *iemand zijne gezondheid terug geven.*

Restituere aliquem in integrum, *iemand in zijne verlorene waardigheid of stand herstellen.*

Restituere aliquem in gratiam alicuius, *of* cum aliquo, *iemand in de gunst van iemand herstellen.*

Reticēre aliquid alicui, *iets voor* of *uit belang voor iemand verzwijgen.*

Retinēre aliquid memoria, *iets in de geheugenis behouden.*

Retinere aliquem in officio, *iemand bij zijnen pligt houden.*

Retorquēre oculos ad urbem, *naar de stad om- of terug zien.*

Retorquere crimen in accusatorem, *de beschuldiging van misdaad op den beschuldiger terug werpen.*

Retractare aliquid animo, *iets weder overdenken.*

Reverti in gratiam cum aliquo, *zich met iemand verzoenen.*

Nescit vox missa reverti, *het eenmaal gesprokene is niet meer in onze magt.*

Revŏcare memoriam alicuius, *of* rei, *of* revocare aliquem, *of* rem in memoriam, *iemand, of iets herdenken.*

Rixari de lana caprīna, *over eene nietigheid twisten.*

Ridēre alicui, *iemand toelagchen.*

Ridere aliquem, *iemand uitlagchen*, of *over iemand lagchen.*

Rubor *of* rubori est mihi, *ik schaam mij.*

Ruĕre aliquem, *iemand ter nederwerpen.*

Ruere ad interitum, *naar zijnen ondergang ijlen.*

Hora ruit, *de tijd vliegt voorbij.*

S.

Mare saevit ventis, *de winden maken de zee onstuimig.*

Sagax rerum utilium, *scherpzinnig om nuttige zaken te vinden.*

Sagax in coniecturis, *scherpzinnig in het maken van gissingen.*

Sagax ad perspicienda pericula, *scherpzinnig om gevaren te doorzien.*

Saluta Caium meis verbis, meo nomine, *of* dic a me Caio salutem, *groet Caius van mij.*

Salutare sternutamentis, *bij het niezen gezondheid toewenschen.*

Sapĕre aliquid, *naar iets smaken.*

Palatum mihi bene sapit, *ik heb eenen fijnen smaak.*

Sapere nihil, *geen verstand hebben.*

Sarcire damnum alicui, *iemand zijn verlies vergoeden.*

Sartam tectam domum habere, *of* conservare, *zijn huis in goeden stand houden.*

Satin salvus (es), *of* satin salvae (res sunt)? *Is het nog wel met u?*

Satisdăre, *of* satis cavēre alicui, *iemand genoegzamen borg-togt geven.*

Satisfacēre alicui in pecunia, *iemand in geld voldoen.*

Satis habere aliquid, *met iets tevreden zijn.*

Satius est mihi mori, *ik ben liever dood,*

Scindĕre epistolam, *eenen brief verscheuren.*

Sciscitari aliquid ab aliquo, *iets bij iemand over eene zaak navorschen.*

Secēdere de via in montem, *van den weg naar eenen berg gaan.*

Seiungĕre calamitatem a republica, *zorgen, dat het onheil den staat niet treft.*

Animus a spe non seiungitur, *de hoop blijft mij bij.*

Sentire humiliter de aliquo, *laag over iemand denken.*

Sentire omnia praeclara de republica, *in allen deele zeer goed gezind zijn jegens den staat.*

Sentire cum aliquo, *met iemand van hetzelfde gevoelen zijn.*

Sentire adversus aliquem, *met iemands gevoelen niet over-eenkomen.*

Sero sapiunt Phryges, *gij komt met uwe wijsheid te laat.*

Servire tempori, *zich naar tijdsomstandigheden schikken.*

Servire voluptatibus, *een slaaf van den wellust zijn.*

Siccare ubera, *melken.*

Signare epistolam, *eenen brief verzegelen.*

Signare aurum, *goudgeld slaan.*

Significare aliquid inter se, *elkander door teekens iets te verstaan geven.*

Silent Musae, *de Muzen laten zich niet hooren.*

In sinu gestare aliquem, *iemands boezemvriend zijn.*

Sistĕre aliquem in via, *iemand op den weg doen stilstaan.*

Sistere aliquem in viam, *iemand op den weg brengen.*

Sistere se, *of* sistere vadimonium, *op den bepaalden tijd voor het geregt verschijnen.*

Sitire honores, *naar eerambten haken.*

Sollicĭtare aliquem, *iemand bekommerd maken.*

Sollicitare servos, *de slaven tot opstand aanzetten.*

Sollicitare aliquem ad amicitiam, *iemands vriendschap zoe-ken te verkrijgen.*

Solūta oratio, *eene redevoering in prosa.*

Solutus homo, *een opgeruimd mensch.*

Solvĕre, *of* solvere navem, *het anker ligten,* ook *onder zeil gaan.*

Solvere pecuniam alicui, *iemand geld betalen.*

Solvere poenas alicui, *aan iemand straf boeten.*

Solvere epistolam, *eenen brief openen.*

Solvere fidem, *zijn woord houden, zijne beloften vervullen.*

Non solvendo aere alieno est, *hij kan zijne schulden niet betalen.*

Somno sopītus, *in diepen slaap gevallen.*

Vox non sonat hominem, *de stem schijnt geene menschelijke.*

Sorbēre aliquid animo, *iets bij zich zelven opslikken, verdragen.*

Sortiri provinciam, *het bestuur van een wingewest door het lot verkrijgen, of bepalen.*

Spargĕre aliquid in vulgus, *iets onder het volk verspreiden.*

Spargere literas sale, *zijnen brief met geestigheid opvullen.*

Spectare ad defectionem, *eenen afval ten doel hebben.*

Spondēre praemia alicui, *iemand belooningen beloven.*

Spondere aliquid pro aliquo, *voor iemand ergens voor borg worden, of staan.*

Stare ab, cum, *of* pro aliquo, *het met iemand houden, voor iemand strijden.*

Stare in *of* adversus aliquem, *tegen iemand vechten.*

Stare sententia, *met het gevoelen tevreden zijn.*

Sententia stat, *mijn gevoelen staat vast.*

Stare, *of* constare in sententia, *bij het gevoelen blijven.*

Stare pro patria, *het vaderland verdedigen.*

Stat per me, quominus hoc fiat, *ik ben de oorzaak, of het ligt aan mij, dat dit niet gebeurt.*

Stat pulcherrime, *hij houdt zich zeer goed*, of *het staat zeer goed er mede.*

Stat mihi, *ik heb besloten.*

Stat sua cuique dies, *ieders leeftijd is bepaald.*

Stetit victoria multo sanguine, *de overwinning is duur gekocht.*

In statione esse, *de wacht hebben*, *op schildwacht staan.*

Statuĕre exemplum in aliquo, *aan iemand een voorbeeld stellen.*

Statuere graviter in aliquem, *iemand zwaar straffen.*

Statutum habere cum animo, *bij zich besloten hebben.*

Sternĕre lectum pellibus, *de ligplaats met vellen bedekken.*

Sternere hostes ferro, *de vijanden met het zwaard ter nedervellen.*

Stipem rogare, *of* collĭgere, *bedelen.*

Stipem tollere, *het bedelen afschaffen.*

Stipari amicorum grege, *door eenen troep vrienden omgeven worden.*

Stomachari aliquid, *om iets boos zijn.*

Stomachum facere alicui, *of* bilem movere, *iemand boos maken.*

Stomachum perdidit, *hij maakt zich niet meer boos.*

Stringĕre gladium, *van leer trekken.*

Struĕre insidias alicui, *iemand lagen leggen.*

Studēre alicui, *of* rebus alicuius, *iemand*, of *iemands zaken toegenegen zijn.*

Studere virtuti, *naar deugd streven.*

Sub dio, *of* sub Iove frigido, *in de opene lucht.*

Subdĕre calcaria equo, *het paard de sporen geven.*

Subdere iudicem in suum locum, *in zijne plaats eenen regter stellen.*

Subdūcere se alicui, *of* ab aliquo, *zich van iemand wegpakken.*

Subducere aliquid in altitudinem, *iets in de hoogte heffen.*

Subducere manum ferulae, *de kinderschoenen uittrekken.*

Hiems subest, *de winter staat voor de deur, is aanstaande.*

Subiicĕre hastae bona alicuius, *iemands goederen op regterlijk gezag doen verkoopen.*

Subire tecto *of* tectum, *in huis gaan.*

Spes subit animum, *ik krijg hoop.*

Sublevare fugam alicuius pecunia, *iemands vlugt met geld verligten, ondersteunen.*

Submittĕre animum, *den moed laten zakken.*

Submittere se, *zich onderwerpen.*

Submittere imperium alicui, *het bevel aan iemand onderwerpen.*

Submittere auxilium alicui, *iemand versterking zenden.*

Subscrībere sententiae alicuius, *iemands uitspraak toestemmen.*

Subscribere odio alicuius, *iemands haat begunstigen.*

Subscribere in aliquem, *iemand bij geschrift aanklagen.*

Subsistĕre sumtui, *de onkosten goed maken.*

Substituĕre, *of* subdĕre aliquem in alicuius locum, *iemand voor iemand in de plaats stellen.*

Succēdere alicui, *of* in locum alicuius, *iemand opvolgen.*

Succedit mihi, *het gelukt mij.*

Suffĭci in locum alicuius, *bij iemands onistentenis in zijne plaats verkozen worden.*

Suffīgere aliquem cruci, *of* in cruce, *iemand kruisigen.*

Suffrăgari laudi alicuius, *iemands lof toestemmen.*

Sumĕre supplicium de aliquo, *iemand straffen.*

Sumere tantum sibi, *zich zoo veel aanmatigen.*

Sumere diem, *den dag vermakelijk doorbrengen.*

Sumere pecuniam mutuam, *geld leenen.*

Suppedĭtare aliquid alicui, *iemand iets verschaffen.*

Supplĭcare alicui, *iemand smeeken.*

Surdus votorum, *of* votis, *of* ad *of* in vota, *doof voor de gebeden.*

Surdus in sermone Graeco, *geen woord Grieksch verstaande.*

Surripĕre aliquid alicui, *iemand iets heimelijk ontnemen.*

Surrŏgare sibi collegam, *zich eenen ambtgenoot in de plaats
van eenen anderen kiezen.*

Lex surrogatur, *er wordt iets bij de wet gevoegd.*

Suscipĕre personam viri boni, *de rol van een braaf man
op zich nemen.*

Suspenso gradu ire, *op de teenen gaan.*

Suspĭcari aliquid de aliquo, *iets van iemand vermoeden.*

Sustinēre simulationem, *veinzen.*

Susque deque habere aliquid, *niets ergens om geven.*

T.

Tabulae novae, *nieuwe schuldboeken, uitdelging der vroe-
gere schulden.*

Manum de tabula, *het is genoeg, geen woord meer.*

Tacitis senescimus annis, *wij worden ongemerkt oud.*

Ex templo, *of* e vestigio, *terstond.*

Templum capit augur, *de augur gaat voorteekenen waarnemen.*

Tempĕrare vinum, *water onder den wijn mengen.*

Temperare sociis, *de bondgenooten sparen.*

Temperare victoriae, *zich in de overwinning matigen.*

Temperare civitates, *de burgerijen regeren.*

Tendĕre in, *of* ad castra, *zich naar het leger begeven.*

Tendere, *gelegerd, of onder tenten zijn.*

Tendere manus alicui, *of* ad aliquem, *de handen naar
iemand uitsteken.*

Tenēre aliquid memoria, *iets onthouden.*

Tenere modum rei, *of* in re, *maat in eene zaak houden.*

Tenere iram, *zijnen toorn bedwingen.*

Tenere mare, *meester van de zee zijn.*

Tenere rempublicam, *de republiek in zijne magt hebben,
bestieren.*

Terga dare, *of* vertere se in fugam, *de vlugt nemen, op
de vlugt gaan.*

Tentari morbo, *ziek worden.*

Testari aliquem, *iemand tot getuige roepen.*

Tollĕre aliquem, *of* de medio aliquem, *iemand ombrengen.*

Tollere aliquem laudibus in coelum, *iemands lof hemel-hoog verheffen.*

Tractare aliquem durius, *iemand te hard behandelen.*

Tradūcere aliquem in sententiam, *iemand tot zijn gevoelen overhalen.*

Trahĕre aliquem pedibus, *iemand bij de voeten slepen.*

Trahere pecuniam, *zijn geld verbrassen, verkwisten.*

Trahere spolia de hoste, *buit op den vijand behalen.*

Trahere cuncta in se, *alles aan zich trekken.*

Trahere bellum, *den oorlog rekken.*

Trahi studio laudis, *door roemzucht gedreven worden.*

Transfigĕre, *of* transīgĕre aliquem gladio, *iemand doorsteken.*

Transire vitam silentio, *zijn leven onopgemerkt doorbrengen.*

Transmittĕre mare, *de zee oversteken.*

Tribuĕre magnam gratiam alicui, *iemand eene groote gunst bewijzen.*

Tribuere aliquid culpae alterius, *iets aan de schuld van eenen anderen toeschrijven.*

Triumphare de, *of* ex aliquo, *op iemand eene zegepraal behalen.*

Tuēri se ab aliquo, *zich tegen iemand verdedigen.*

Tundĕre alicui oculos, *iemand op de oogen slaan.*

Tundere eandem incŭdem, *steeds hetzelfde doen.*

U.

Ulcisci aliquem pro re, *zich over eene zaak op iemand wreken.*

Usurpari sapiens, *wijs genoemd worden.*

Usucapĕre aliquid, *iets door lengte van tijd in eigendom krijgen.*

Uti familiariter aliquo, *met iemand vertrouwelijk omgaan.*

Uti summo honore, *de hoogste eer genieten.*

Uti sapienter temporibus, *met wijsheid van tijdsomstan-digheden gebruik maken.*

Uti fortuna pari, *een gelijk geluk hebben.*

Uti prosperitate valetudinis, *eene voorspoedige gezondheid genieten, of hebben.*

V.

Vacare culpa, *of* a culpa, *vrij van schuld zijn.*

Vacare philosophiae, *zich op de wijsbegeerte toeleggen.*

Vacillare in veteri aere alieno, *diep in schulden steken.*

Vade bonis avibus, *ga met goed geluk.*

Vadimonium alicui imponĕre, *of* vadari aliquem, *iemand een proces aandoen.*

Vadimonium promittĕre, *beloven om op den bepaalden tijd voor het geregt te verschijnen.*

Vale dīcere alicui, *iemand vaarwel zeggen.*

Valēre velocitate ad cursum, *door snelheid tot loopen ge-schikt zijn.*

Valere animo, *sterk van geest zijn.*

Valere pedibus, *goed ter been zijn.*

Valere apud aliquem, *bij iemand invloed hebben.*

Definitio valet in omnes, *de bepaling past op allen.*

Valet eloquentia, *hij is een welsprekend man.*

Valet multum in arte, *hij verstaat de kunst wel.*

Hoc illi valet ad gloriam, *dit strekt hem tot roem.*

Hoc valet contra te, *dit strekt om u te wederleggen.*

Vapŭlare virgis, *met roeden gegeeseld worden.*

Vapulat ab omnibus, *hij krijgt van allen slaag.*

Variare otium labore, *rust met arbeid afwisselen.*

Variare sententiam, *van gevoelen veranderen.*

Variat fama, *het gerucht geeft het verschillend op.*

Vasa conclāmare, *of* collĭgere, *met het leger opbreken.*

Vaticīnari vetera, *wat ouds opdisschen.*

Vehi navi, *of* in navi, *varen.*

Nescis, quid serus vesper vehat, *de toekomst is voor u verborgen.*

Vela ventis dare, *onder zeil gaan, in zee steken.*

Venam secare, *aderlaten.*

Veniam dare alicui, *iemand zijn verzoek inwilligen.*

Venire alicui sub oculos, *iemand onder de oogen komen.*

Venire alicui auxilio, *iemand te hulp komen.*

Venire obviam alicui, *iemand tegenkomen.*

Venire in suspicionem alicui, *bij iemand in verdenking komen.*

Venire ad nihilum, *op niets uitloopen.*

Venire a minis ad manus, *van dreigementen tot vechten komen.*

Venire a verbis ad verbera, *van woordenwisseling tot slaan overgaan.*

Venit, *of* obvěnit mihi hereditas ab aliquo, *ik ben erfgenaam van iemand.*

Venit in proverbium, *het wordt tot een spreekwoord.*

Venit ad aures meas, *het komt mij ter ooren.*

Hoc mihi venit usu, *dit overkomt mij.*

Hoc mihi in mentem venit, *dit komt mij in de gedachten.*

Verba facere pro aliquo, *voor iemand spreken, of het woord doen.*

Verba versare, *zijne woorden veranderen.*

Versari in oculis, *of* ante oculos, *voor oogen zweven.*

Versari in arte, *zich met eene kunst bezig houden.*

Versuram facere, *geld opnemen, om schulden te betalen.*

Vertěre aliquid in melius, *iets ten goede doen keeren.*

Vertere aliquid alicui vitio, *of* in vitium, *iemand iets tot eene ondeugd toerekenen.*

Vertere hostes in fugam, *de vijanden op de vlugt drijven.*

Vertere solum, *in ballingschap gaan.*

Res in eo vertitur, *bij de zaak komt het daarop aan.*

Deus bene vertat, *God geve er zijnen zegen toe.*

Vestire parietes tabulis, *de wanden met schilderijen behangen.*

Verum dicere, *de waarheid zeggen.*

Vigilare ad ipsum mane, *of* usque ad lucem, *tot den mor- gen waken.*

Vigilare ad multam noctem, *tot laat in den nacht waken.*

Vigilare de multa nocte, *van diep in den nacht af waken.*

Vigēre memoria, *een goed geheugen hebben.*

Vincĕre aliquem industria, *iemand in ijver overtreffen.*

Vincere aliquem sale, *iemand in geestigheid te boven gaan.*

Vindĭcare se ab aliquo, *zich op iemand wreken.*

Vindicare se ex servitute in libertatem, *zich uit de slavernij in vrijheid stellen.*

Vindicare aliquem a miseriis, *iemand van ellende verlossen.*

Vivĕre pane, *of* de pane, *van brood leven.*

Vocare aliquem in spem, *iemand hoop geven.*

Victum dare, *of* praebēre alicui, *iemand den kost geven.*

Victum quaerĕre, *den kost zoeken.*

Volat aetas, *men wordt ongemerkt oud.*

Volūtare ad pedes alicuius, *iemand te voet vallen.*

Volutari in omni genere flagitiorum, *zich met allerlei mis- daden bezoedelen.*

Volvĕre multa secum, *vele zaken bij zich zelven overwegen.*

Vovēre se pro patria, *zijn leven aan het vaderland toewij- den, zich voor het vaderland opofferen.*

Vota facere, *geloften doen.*

Vota solvere, *zijne geloften betalen, of* gestand doen.

Vulnera adversa, *wonden van voren* of *in de borst.*

Vulnera aversa, *wonden van achteren,* of *in den rug.*